书山有路勤为径，优质资源伴你行
注册世纪波学院会员，享精品图书增值服务

安 迪 曼 系 列 丛 书

AGILE
LEARNING
MAP

敏捷学习地图
企业如何又快又好地建设人才梯队

崔连斌　胡丽 / 著

电子工业出版社

Publishing House of Electronics Industry

北京·BEIJING

图书在版编目（CIP）数据

敏捷学习地图 ： 企业如何又快又好地建设人才梯队 ／ 崔连斌，胡丽著．-- 北京 ： 电子工业出版社，2025. 5. （安迪曼系列丛书）．-- ISBN 978-7-121-50055-8

Ⅰ．F272.92

中国国家版本馆 CIP 数据核字第 2025XE6605 号

责任编辑：杨洪军
印　　刷：中煤（北京）印务有限公司
装　　订：中煤（北京）印务有限公司
出版发行：电子工业出版社
　　　　　北京市海淀区万寿路173信箱　　邮编100036
开　　本：720×1000　1/16　　印张：13.25　字数：212千字
版　　次：2025年5月第1版
印　　次：2025年5月第1次印刷
定　　价：65.00元

凡所购买电子工业出版社图书有缺损问题，请向购买书店调换。若书店售缺，请与本社发行部联系，联系及邮购电话：（010）88254888，88258888。

质量投诉请发邮件至zlts@phei.com.cn，盗版侵权举报请发邮件至dbqq@phei.com.cn。

本书咨询联系方式：（010）88254199，sjb@phei.com.cn。

致读者

当今企业的竞争，核心在于人才。而企业人才竞争并非仅针对个别人才，而是涉及整个企业人才群体在数量、质量、结构和供给速度上的全面较量。凡是人才聚集、结构优良、梯队厚实的企业，通常都表现出非凡的业绩和持续的增长潜力。

企业持续发展离不开人才，但更重要的是内部培养和提拔的人才。卓越企业研究大师吉姆·柯林斯博士的研究团队，经过5年的深入分析，对《财富》500强中30年间上榜的1 435家企业进行了随机筛选，其中28家企业被选作对比研究对象。研究发现，在这28家企业中，有11家从优秀跨越到卓越，而这11家卓越企业中有10家的CEO是从内部提拔的。吉姆·柯林斯因此认为，卓越企业的关键并非在于个别卓越的领导者，而在于培养卓越领导者的流程和机制。苹果公司便是最好的例证，前CEO乔布斯在企业内部培养了提姆·库克这样的接班人，使得乔布斯离世后，库克依然能带领苹果成长为全球市值最高的卓越企业。

蓬勃发展的企业不仅内部人才聚集度高，还能高效培养和发展人才。卓越的企业都能找到足够的人才，并通过内部的培养和发展机制使他们成为卓越的人才。在建立人才培养机制方面，企业管理者需要借助本书所提到的学习地图技术。这项技术能帮助企业迅速、高效地构建卓越人才供应链体系。

尽管"战略驱动、人才先行"已成为业界的共识，但许多企业家、管理者和人才发展从业者仍对如何高效培养人才、建设结构合理的人才梯队感到困惑。若你也有此困惑，那么本书将是你的理想读物。本书适合企业家、高层管理者、业务部门负责人、人力资源管理人员、HRBP（人力资源业务伙伴）、人才发展专业人员、组织发展专员、培训管理者、内训师等，以及人力资源管理和企业管理相关专业的师生。

通过本书，读者可以达成以下两个主要目标：

（1）理解敏捷学习地图的构建方法论；

（2）掌握在企业内部实践学习地图和人才梯队建设的操作方法。

本书不仅可作为高校及培训机构相关认证培养项目的教材或参考书籍，也可作为任何需要进行人才梯队建设的人士的日常查询手册，随时解答与人才梯队建设工作相关的问题。只要达成上述目标中的一个，本书便实现了其应有的价值。

致 谢

首先，感谢支持我们的家人和朋友。他们的无私奉献和默默支持使我们能够全身心地投入本书的编写中，让我们没有后顾之忧。同时，他们在我们编写本书遇到困难时，给予及时的鼓励和启发。这些都使我们变得更加坚韧，并能够在面对各种挑战和困难时保持耐心和信心。

其次，感谢为本书提供反馈意见的凌珊珊、王彬杰、王壁鋆、马丽、张彬、曹笑朵等安迪曼同事。这些同事自2016年以来一直在使用敏捷学习地图构建的方法，在企业和教育机构中提供相关的培训和咨询服务。作为大量实践项目的参与者，他们为本书内容的优化提出了宝贵的参考建议，使本书的实操性更强，可读性更高。

在本书的出版过程中，我们还得到了许多客户或使用本书方法论的用户的反馈和建议。他们在我们实践敏捷学习地图构建的教学活动和咨询项目的过程中，为本书的出版提供了大量的启发、建议和思路。

本书得以顺利出版，还得到了电子工业出版社经管分社总编辑晋晶老师的大力协助和支持。晋晶老师与我们共同策划了安迪曼系列丛书，其中就包括这本关于学习地图的书籍。她也对本书的结构、关键内容和目标读者的定位提供了专家指导意见。

最后，我们期待各位读者能够与我们联系，并分享阅读本书的感受和心得。你们的反馈将帮助我们进一步完善本书的内容，请期待本书在再版时，我们能够做得更好。

崔连斌　胡丽

2025年1月

引言
已经到来的人才战争

中国自古以来人才辈出，无论是数量还是质量，都一直处于世界前列。根据余秋雨先生的研究[1]，作为四大文明古国中唯一幸存且持续发展的文明，中国展现出了其独特的生命力。其中非常重要的原因之一就是在任何时期都能涌现出大量的人才，进而延续民族的血脉和优良传统。其中最典型的表现就是每当国家处于危难时刻，总是有各式各样的英雄脱颖而出，挽狂澜于既倒，这些英雄激励了一代又一代的中华儿女前赴后继地为国家赴汤蹈火。这是中华文明的一大特点，这一特点使得中国在五千多年的历史发展长河中，无论是经济、政治还是文化，基本上都能处于世界前列。

近代中国，由于闭关锁国和错失前三次工业革命等历史原因，人口优势未能转化为人才优势。这导致中国在多个领域相对滞后。尽管拥有世界上较大的人口数量，但人才素质仍需显著提高。我国人才资源存在"有量低质"的问题，且优秀人才流失严重，居世界前列。因此，我们需要采取积极措施加强人才培养和引进，提高人才素质和竞争力。近几年来，虽然

1　余秋雨.中国文化必修课[CP].上海:喜马拉雅,2019.

从整体上人才流失的现象正在出现逆转[1]，海归数量每年都在上升，超过八成的留学生选择回国工作，但真正高层次的博士毕业生归国的数量和比例仍然偏低，尤其在人工智能、半导体方面的人才流失仍然非常严重。根据《环球时报》的报道，目前帮助美国研发最尖端AI武器的12名谷歌工程师中，超过一半是中国人。这些情况表明，虽然我国在总体人才流失上的情况有所缓解，但仍然在流失大量的优秀人才。

美国之所以能够在第二次世界大战后成为世界第一科技强国，不是因为美国人的种族天赋，而是美国不问种族、不分国籍的人才战略。许多国家都已经意识到所有的战争都不如人才战争来得更加根本和致命[2]。原新东方教育科技集团文化发展研究院院长徐小平认为，国家的竞争，实质上就是人才的竞争，人才是未来增强国家竞争力的关键所在。因此，拥有高质量的人才不仅是时代发展的要求，也是企业竞争、区域竞争，甚至国与国竞争日趋激烈的必然要求。

我们目前正处于VUCA时代。VUCA源于军事术语，表示军事形式是Volatile（多变的）、Uncertain（不确定的）、Complex（复杂的）和Ambiguous（模糊的）。20世纪90年代，美苏争霸结束后，国际局势变化迅速，VUCA首先被运用于军事，然后开始被使用在社会的其他领域。在21世纪，商场竞争瞬息万变，VUCA影响了世界所有的领域。2016年开始，中国进入了"共享"时代，随之而来的是各"共享"企业的无声拼杀而形成的商业混战，最终只有少数企业存活了下来。2017年开始，新零售异军突起，街头巷尾到处活跃的是新零售平台下的物流配送，而实体店

1　"人才流失"正在中国逆转[N].环球时报,2019年9月20日.
2　王辉耀,苗绿. 人才战争2.0[M].北京:东方出版社,2018.

铺面临着巨大的挑战。2018年5月开始，中美贸易战正式打响，众多中国优秀企业面临来自国外的无端打压。2018年11月，阿里的无人酒店正式开业，人工智能又一次颠覆了我们对生活的认知。突然暴发的新冠疫情，彻底打乱了中国及世界各个国家生产和生活的节奏，对国内各个行业，尤其是旅游、酒店、餐饮、娱乐、教育培训、互联网、航空运输等行业产生了重大而深远的影响。时至今日，疫情对各行各业的影响还历历在目。而信息技术、互联网、人工智能、数字化的迅猛发展，也让企业面临着方方面面的挑战，企业也不得不反思：在这个变化和不确定性成为常态的时代，各种不安全感随之而来，没有一种商业模式可以长存。

在VUCA时代，很多企业在苦苦挣扎，大量企业家在奋斗的过程中也产生了很多焦虑，苦苦寻找企业能够生存下来并发展壮大的真谛。IBM在总结获得成功的关键要素时，特别强调的是人才和创新。所以应对这些变化，企业最有效的方法之一就是找到优秀人才。这些优秀人才能够通过模式创新、技术突破等方法更好地应对外部剧烈变化且不可预测的世界。因此，企业对于人才更为关注，认为在业务方向和商业模式确定的情况下，优秀人才成为决定企业成功的关键。

随着中国迈向数智化、智能化时代，人才竞争在全球范围内正日益激烈，各企业纷纷竞相延揽世界各地的优秀人才。"知识经济就是人才经济，世界大国首先是人才大国。"[1]在人才竞争方面，世界500强企业表现尤为突出，例如微软、思科、谷歌等国际知名企业纷纷效仿"英特尔奖"或"西屋奖"，设立奖项以构建自己的"人才收割机"，旨在吸引更多高科技人才。中国在培养本土优秀人才的同时，也需加快从全球范围内吸

1　王辉耀,苗绿.人才战争2.0[M].北京:东方出版社,2018.

引优秀人才的步伐。据统计，全球已有超过一亿人选择离开自己的国家工作，平均每30人中就有1人是移民，而发展中国家更是有超过50万名技术人员流失到西方发达国家。为了加快人才队伍建设和人才引流，中共中央、国务院于2010年印发了《国家中长期人才发展规划纲要（2010—2020年）》，旨在通过培养和造就规模宏大、素质优良的人才队伍，确立国家人才竞争比较优势，使中国进入世界人才强国行列。2021年9月27日至28日，习近平主席在中央人才工作会议上强调深入实施新时代人才强国战略，全方位培养、引进、用好人才，加快建设世界重要人才中心和创新高地。2024年4月，人社部在辽宁省沈阳市召开的专业技术人才工作座谈会再次强调了人才对国家发展的重要性。

因此，无论对于企业、区域还是国家，人才已成为决定性的力量。企业要想在商业上取得胜利，必须将吸引、培养、任用、激励和保留人才置于最重要的位置。企业的人才战略将直接影响其未来的长远发展和竞争能力。

目 录

图目录

表目录

第一章

人才梯队厚度决定企业发展潜力

人才是企业最宝贵的资源，但关于"人才"的定义众说纷纭。在2000年左右，人们普遍认为人才是具备中专及以上学历的人。因此，早期的人才概念主要是用来区分劳动力的，特指那些具有中等及高等学历的人力资源。然而，在笔者留学美国期间，发现无论是蓝领工人还是高学历者，都被统称为劳动力，且他们的薪资待遇并无显著差异。例如，通用汽车的资深蓝领工人年薪可达14万美元，而有些大学教授的年薪则仅为七八万美元。随着时代的演进，2010年后国内对人才的定义有了显著扩展，高技能的蓝领工人也被纳入其中。因此，我们不能再简单地将他们排除在外。

在不同层面，对人才的定义有所不同。从企业的角度看，人才是指能够胜任岗位能力要求并为企业发展做出贡献的人。这一定义涵盖了工人和具备中高等学历的人力资源。对于某个区域而言，人才则包括所有具备专门知识或技能，能进行创造性劳动并对该区域有所贡献的劳动者。而在国家层面，人才是实现民族振兴、赢得国家竞争优势的战略资源。在本书中，我们重点讨论的是企业层面的人才。

第一节
人才是企业长寿的基因

在复杂多变的竞争环境中，没有一种竞争力是永恒的。然而，"人才"却是这个时代最能激发企业能量、推动企业生存和发展的核心动力。IBM公司前总裁郭士纳曾强调："我可以没有机器，没有厂房，但只要留住员工，企业就有重生的机会。"通用电气的总裁亦将人才发展和创新变革视为企业长寿的基因。通用汽车前总裁阿尔弗雷德·斯隆更是直言："你可以拿走我全部的资产，但只要保留我的组织人员，五年内我就能重新赚回所有失去的资产。"这些话语深刻揭示了企业各要素和资源中，人才是最为宝贵的。人才不仅是企业业务系统运转的基石，更是实现组织目标的关键资源。

在当今时代，人才作为企业最宝贵资源的作用愈发凸显。中美贸易摩擦使得中国企业的外部市场竞争愈发激烈，企业利润大幅缩减[1]。这些变化在短期内对企业预期产生显著影响，但从长远来看，对我国企业而言，这既是挑战也是机遇。同时，新冠疫情的暴发加速了众多企业的数字化转型进程，商业模式、营销模式、用工模式等都发生了巨大的变革。只有适应

---

[1]　牛志伟.贸易摩擦与企业创新:综述及展望[J].江苏商论,2023(12):53-56.

这些变革的企业才能生存下来，而能够吸引并善用优秀人才的企业，必定是那些能够长久发展的企业。

一、人才战略助推企业战略落地

人才战略是企业战略落地的重要推手。每当企业进入新的一年或新的规划周期，如"十四五"战略规划，人才战略都占据着举足轻重的地位。这是因为企业战略的落地，如产品创新、服务升级、商业模式的设计等，都需要依赖各类人才来实现。因此，人才战略在企业战略中起到了关键的承接作用。

那么，人才战略到底应该包括哪些内容呢？从人才学词典的角度来看，人才战略是为了满足社会经济发展需求，使人才与国民经济发展相适应，物质文明和精神文明相匹配。然而，从企业的角度出发，人才战略更多地是承接不断迭代的企业发展要求，通过诊断、分析人才现状，进行人才规划和人才供应链机制建设，以持续打造高质量人才队伍的科学过程。

人才战略的有效落实与人才的选、育、用、留密切相关。具体来说，首先，企业需要确保人和岗位之间的高度匹配，使每个人都能在合适的岗位上发挥最大的价值；其次，工作中要善于发现和解决问题，以不断提升工作绩效；再次，依据员工发展评价中心和企业胜任力模型来规范员工行为、提升员工能力，实现组织和员工的协同发展；最后，整合各种资源以优化体系、完善系统。

因此，企业的人才战略可以从匹配需求、改善绩效、提升能力和优化体系这四个方面来支持企业战略的落实。通过科学制定和有效实施人才战略，企业可以确保在复杂多变的竞争环境中立于不败之地。

1. 匹配需求

匹配意味着合适，如同量体裁衣般确保衣服合身。有句谚语说得好："世界本没有垃圾，垃圾只是放错了地方的财富。"在人力资源管理中，人与岗位的匹配同样重要。这意味着要根据岗位的实际需求来选择合适的人才，而非简单地为某个特定的人设立岗位。通过在实际工作中根据岗位与人员能力的差异开展有针对性的培训，可以提高人岗匹配度，更有效地实现岗位目标，从而确保企业战略的有效实施。因此，人才战略的首要任务就是通过实现人与岗位的精准匹配来支持企业战略的落实。

2. 改善绩效

改善绩效是人才战略的关键环节。在实际工作中，人才战略制定者需要针对员工绩效考核中暴露出的问题，制订具体的整改方案，以提升和改善员工的绩效表现。这不仅能够提高员工的工作效率和满意度，还能够确保企业战略的有效实施。因此，人才战略可以通过改善员工绩效来支持企业战略的落实。

3. 提升能力

提升员工综合能力是人才战略的重要目标。在实际操作中，人才战略的制定者需要依据员工的个人发展计划，制订个性化的学习和发展计划，帮助员工提升综合能力和满足个人与组织的共同成长需求。这不仅有助于员工个人的职业发展，还能够提升整个组织的竞争力和创新能力，从而确保企业战略的有效实施。因此，人才战略可以通过提升员工综合能力来支持企业战略的落实。

4. 优化体系

优化体系与完善系统是人才战略的重要保障。一个健全的人才培养体系和完善的实施系统是确保人才战略有效执行的基础。这包括从培训需求分析到培训效果评估的整个过程，需要人才战略管理者不断优化和完善相关制度和流程，确保每个环节都能够高效、准确地执行。通过体系优化和系统完善，可以确保人才战略与企业战略的高度契合和有效实施。因此，人才战略管理者可以通过不断优化和完善人才培养体系来支持企业战略的落实。

二、创新驱动发展，人才驱动创新

人才是创新的第一资源，必须不断优化人才发展环境，充分激发人才的创造活力，努力培养造就一大批高水平的创新团队，为推动高质量发展提供坚实的人才支撑。与大型企业相比，中小型企业的创新意识更强，创新动力更足。近年来，我国中小企业数量持续增长，不断壮大，成为经济社会发展的重要力量。工业和信息化部统计数据显示，我国中小企业在社会经济发展中创造了50%以上的税收、60%以上的国内生产总值、70%以上的技术创新成果、80%以上的就业岗位，在活跃科技创新、灵活扩大就业、坚定深化改革、稳定产业链发展等方面发挥着至关重要的作用[1]。做好中小企业工作，对稳就业、稳金融、稳外贸、稳外资、稳投资、稳预期，增强经济长期竞争力都具有重要意义。现在正是中小企业实现高质量发展的时候，也是中小企业迫切需要人才的时候。

我国民营企业由于规模相对较小、人才激励机制不健全等原因，在吸引和留住人才方面面临较大挑战，创新人才的严重缺乏已成为制约民营企

---

1 赵凯丽,韩东晓,陈倩.新形势下如何支持中小企业发展[J].中小企业管理与科技,2023(10):62-64.

业转型升级的主要障碍。为此，必须采取有效措施加以解决。一方面，要鼓励民营企业建立健全的人才激励机制，将其贯穿于育人、引人、用人、留人等各个环节，真正做到"聚天下英才而用之"。企业应构建体现创新价值的薪酬结构，通过合理的薪酬待遇吸引并留住"高精尖优"人才。同时，建立柔性的人才流动机制，加强企业间的人才交流与合作，最大限度地实现人才资源的合理配置。另一方面，要着力打造多元循环的人才生态系统。这不仅包括科研和生活设施等硬件环境的优化，更要注重学术氛围、创新平台、文化生态等软件环境的建设。通过营造良好的工作和生活环境，增强高端人才对企业的认同感和归属感，从而为民营企业的可持续发展提供坚实的人才支撑。

中大型企业也迫切需要激发人才的创造能力，突破瓶颈并解决"创新者的窘境"，找到新的发展动力。中大型企业相较于小微企业更加稳定和规范。但在VUCA时代，消费者的需求和市场环境快速变化，这就要求中大型企业能够打破常规，创新突破，发现新的增长点。然而，这样的企业进行创新变革会更加困难，因为变革创新会触动既有成熟体系相关人员及部门的利益，受到更大的阻力。这就是美国哈佛大学教授克莱顿·克里斯坦森所提出的中大型企业的"创新者窘境"。但是，由于中大型企业具有人才厚度优势，可以通过发现和培养更有能力和责任担当的人才来完成这样的创新重任，使得企业焕发新的生机。

三、人才是企业高速增长向高质量发展的密钥

企业需要从粗放型发展向高质量发展转变。在这个过程中，"人才"的数量、能力水平和结构对业务系统运作的效率和效果有着直接影响，从

而直接关系到战略目标的实现。每家企业都有其独特的定位（战略、商业模式），这些定位决定了需要构建相应的业务系统（如营销、客服、物流等）来支撑商业目标的达成。业务系统的顺利运转又依赖于核心关键资源能力的支持，包括人、财、物等。

为了保障业务系统的正常运作和强化关键资源能力中"人"的能力，企业需要制定人才发展战略。为了落实这一战略，企业必须提供随需而变的学习机会，以培养各级各类人才，进而实现人才战略的目标。具体如图1-1所示。

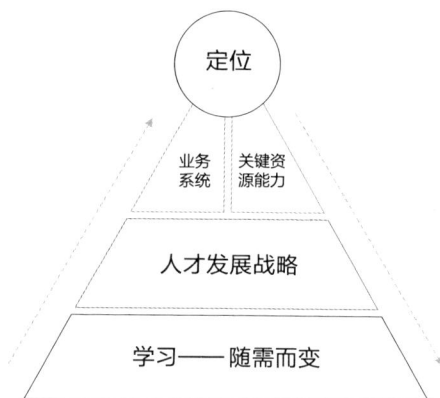

图1-1　最佳人才发展模式的基石

通过招聘方式获取人才虽然迅速，能够解决紧急需求，但也存在人才流失的隐患和空降兵"水土不服"的风险。相比之下，除了外部招聘，企业还可以通过内部培养来获得人才资源。2015年全球领导力发展中心的研究报告指出，当企业的人才供给的80%来自内部培养时，其在VUCA时代的行业竞争力会比同类型企业高出2~3倍。尽管内部培养耗时较长，但能为企业带来更为长期、稳定的人员供给，因此越来越多的企业开始更加重视内部人员的培养。这种培养体系不仅有助于企业的稳定持续发展，还能为企业构建一支更加忠诚、适应企业文化和需求的团队。

第二节

企业面临严重的人才短缺困境

　　然而，目前中国各行各业、各种类型的企业都面临巨大的人才缺口。企业短缺的人才类型包括经营管理人才、销售人才、专业技术人才、高技能人才等。由于人才短缺，企业的新产品研发、规模扩张、利润提升都会受到影响。即使企业拥有很好的"第二增长曲线"，也会因为人才匮乏而难以实现。

　　2020年华为的芯片短缺事件让所有人深刻地体会到了人才短缺对企业和国家造成的困难。2019年美国开始对华为进行芯片管制，导致华为的芯片供应遭受巨大挑战。虽然各行各业乃至国家都希望能够迅速制造华为所需的高端芯片，但由于人才和高端设备的短缺，很难在短时间内制造出高端芯片。华为的任正非曾说："造芯片光靠砸钱是砸不出来的，需要砸数学家、物理学家和化学家。"这充分证明了人才对企业的重要性。

　　人才的匮乏在中小民营企业中尤为明显。大企业拥有一定的人才厚度和梯度，但中小企业由于规模小、人才激励机制不健全等原因，难以吸引和留住人才，人才缺乏现象更为突出。《中国企业人力资源发展报告（2023）》显示，微型企业与小型企业在疫情期间经营受阻，不得不削减人员，这在一定程度上对其雇主品牌形象造成重创。同时，求职者日趋理性，更倾向于选择财务与工作稳定的大型企业，这进一步加剧了这两种类型企业的人才短缺。此外，万宝盛华调查发现，50%的受访中型企业表示难以填补所需的创新力与独创能力，这一比例高于其他类型企业[1]。然而，对于中小企业而言，一到两个关键人才的引入就有可能扭转整个企业的发展。很多中小企业都是由几个合伙人创办的，在这些企业中，如果人才能够改变销售困局、产品研发困局或管理困局，就可能改变整个企业的命运。

2021年，笔者曾参加某国家部委关于关键人才规划的重要会议。该国家部委列出了中国13个重大行业短缺的人才，其中包括集成电路、人工智能、新能源汽车等。这些行业的人才短缺数量从几万到上百万不等。由于这些人才短缺，企业创新和科技升级受到阻碍，进而影响到国家GDP的增长速度。如果没有其他生产要素的变化，预计中国的GDP增长速度到2050年可能会陷入停滞状态。基于这种情况，要想提升GDP的增长水平，专家给出了两个建议：科技和创新。而要改变这两个要素，最重要的就是人才。

因此，不论是大型企业还是中小型企业，现在面临的最大挑战就是人才短缺。人才短缺导致科技和创新的不足，以及管理、经营、销售等方方面面的不足。但是一旦有合适的人才引进，这些企业就会焕发出新的生命活力，实现快速增长。

正是因为人才紧缺，越来越多的组织开始重视内部人才的培养。无论是企业的总裁、业务高管、人力资源总监还是培训管理者，都在敏锐地观

1　余兴安,等.中国企业人力资源发展报告[R].北京:社会科学文献出版社,2023.11:36-37.

察和思考时机，以发现、吸引和保留各类优秀人才。一旦时机成熟，企业就会立即考虑建立自主学习及人才培养机制。越来越多的企业开始筹备企业赋能中心，并希望这些中心能够成为企业的创新中心和人才培养基地。同时，企业也通过文化推广、品牌传播和人才发展实力，吸引更多的人才为企业服务，形成一种良性循环。

第三节
企业必须有效地培养人才梯队

由于人才在企业的运营中发挥着举足轻重的作用，然而当前许多企业面临人才匮乏的挑战，因此，构建有效的系统来培养梯队人才显得尤为迫切。以下是推荐的人才梯队建设的有效方法及原则。

一、人才梯队建设七步法

企业的从无到有一般都会经历产品阶段、运营扩张阶段、持续经营阶段。

在产品阶段，企业要有好的产品，提供社会功能，满足人们需求。一旦好的产品确定，企业就需要通过扩大运营规模实现量产，此时企业进入运营扩张阶段。

运营扩张阶段最核心的关注点是管理效率和产品规模。该阶段企业需要扩大市场占有率，为了实现这一目标，除了资金上需要融资，对企业管理者的管理水平也提出了明确且更高的要求。在此阶段，人力资源管理的作用开始显现，需要开拓更多的地区，需要更多优秀的管理者引领，需要更多绩优员工保证产品生产运营与质量。单纯依靠招聘引入人才，不足以满足企业定制化人才的需求，因此，培养具有自身企业文化、熟悉企业业务的人才梯队需求变得尤为重要，培训项目需求随之出现。

处于运营扩张阶段的企业可以通过七步法建立人才梯队，如图1-2所示。

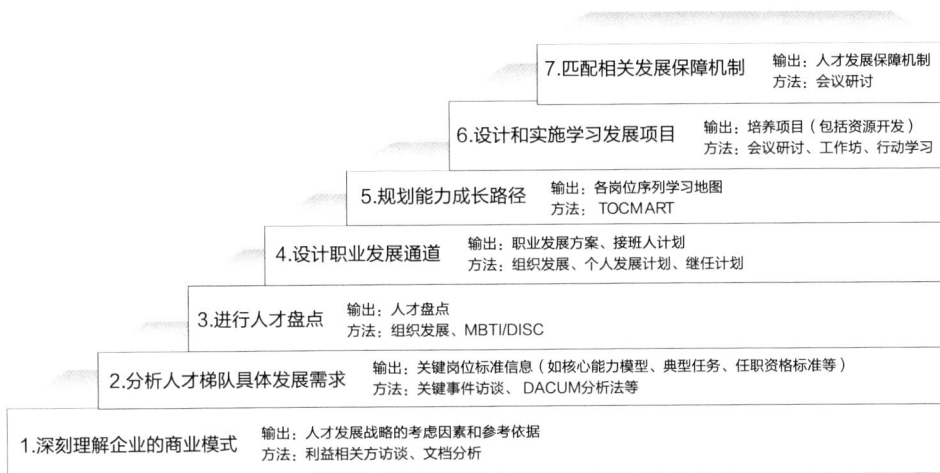

步骤	输出	方法
7.匹配相关发展保障机制	输出：人才发展保障机制	方法：会议研讨
6.设计和实施学习发展项目	输出：培养项目（包括资源开发）	方法：会议研讨、工作坊、行动学习
5.规划能力成长路径	输出：各岗位序列学习地图	方法：TOCMART
4.设计职业发展通道	输出：职业发展方案、接班人计划	方法：组织发展、个人发展计划、继任计划
3.进行人才盘点	输出：人才盘点	方法：组织发展、MBTI/DISC
2.分析人才梯队具体发展需求	输出：关键岗位标准信息（如核心能力模型、典型任务、任职资格标准等）	方法：关键事件访谈、DACUM分析法等
1.深刻理解企业的商业模式	输出：人才发展战略的考虑因素和参考依据	方法：利益相关方访谈、文档分析

图1-2　人才梯队建设七步法

（1）深刻理解企业的商业模式。根据魏炜、朱武祥的商业模式六要素模型，商业模式的关键要素包括定位、业务系统、关键资源能力、盈利模式、现金流结构和企业价值主张[1]。企业管理者可以依据企业商业模式中的定位、业务系统和关键资源能力，判定哪些人才是能够支撑这三个关键要素实现的人才。

（2）分析人才梯队具体发展需求。在选定人才后，需要通过访谈、工作坊等方式明确人才的能力标准。这些能力标准的展现方式可以表现为任职资格标准、能力模型、岗位说明书等。

（3）进行人才盘点。基于人才的能力标准，企业管理者可以对现有人

1　魏炜,朱武祥.发现商业模式[M].北京:机械工业出版社,2009.

才进行人才扫描，进行人岗匹配分析和人才盘点。通过人才盘点，可以获得目前人才的数量、质量、结构等关键信息。

（4）设计职业发展通道。为了更好地建设人才梯队，也需要对人才的职业发展通道进行规划，并制订相应的接班人计划。这样的规划可以帮助企业建立更具激励性和科学性的人才供应链条。

（5）规划能力成长路径。基于人才扫描和盘点诊断出来的人才差距，结合职业发展通道设计，可以科学地规划能力成长路径，即我们常说的学习地图。员工能力的成长不是一蹴而就的，需要通过学习地图等成长路径规划循序渐进地提升能力。

（6）设计和实施学习发展项目。为了帮助学习地图落地，可以有针对性地设计学习发展项目，帮助人才迅速提升能力。这个部分是目前很多企业赋能中心或培训部门的核心工作，需要企业投入相应的费用和资源支持才能得以实现。

（7）匹配相关发展保障机制。仅依赖于课堂学习、正式或非正式学习是不够的，还需要匹配轮岗、绩效评价、挑战性项目或任务、转岗等发展手段帮助员工更快更有效地成长。这些发展方式本身就是日常工作的一部分，可以更好地将在正式学习和非正式学习中获得的知识和技能进行有效的落地实践。

通过人才梯队建设七步法，处于扩张期的企业可以快速有效地建立人才梯队，确保人才随需到位。而在这整套方法中，学习地图起到了非常重要的承上启下的作用。

最后，企业进入持续经营阶段，其核心关注点是盈亏平衡。此阶段需要做到收入大于产品成本加营销费用，财务估值理论需要从盈亏平衡、稳定的盈利周期和财务价值三方面考虑，要有生产成本、营销费用、营业收入和净利润数据支撑。这个阶段的人才梯队建设的重点是进一步完善人才的识别、培养、使用、激励和保留的机制，并动态调整人才队伍的结构和质量。

在企业的所有发展阶段中，人力资源管理、培训管理是企业发展、壮大的有效保障。通过建立学习地图来构建人才梯队也是很多企业采取的主要人才解决方案。

二、CEO 担任企业人才梯队建设的第一负责人

CEO作为企业的首席人才官，同时也是企业人才梯队建设的第一负责人。作为企业高层管理者之一，CEO肩负多重职责，但优秀的CEO深知如何把握企业经营的关键要素，其中人才梯队便是重中之重。在我们与德邦物流的交流中，其董事长兼总经理崔维星曾明确表示，作为企业的创始人和掌舵人，他主要聚焦于四项工作：企业文化、创新、人才梯队和投融资。因此，在我们服务的众多企业中，凡是人才梯队建设的项目，企业的一把手都会亲自参与并严格把关项目的目标和成果。在医药、服装零售、金融等行业的企业中，这些项目均被视为"一把手工程"。

企业负责人之所以如此重视人才梯队建设，是因为这是构建组织能力的核心举措。通过建设人才梯队，企业能够有效地将这支关键队伍转化为企业领导者的队伍，进而凝聚企业的精神力量。有了这样的"铁军"队伍，企业才能在激烈的市场竞争中不断取得胜利。正如加里·哈默和普拉哈拉德在《竞争大未来》一书中所强调的，"企业不应仅仅被视为产品和

服务的组合，更应被看作能力的集合"。企业持续经营的重要因素在于是否拥有一群具备卓越能力的人才，这些人才能够维持企业的正常运转并推动创新。

三、业务负责人与人力资源 / 人才发展 / 组织发展团队通力协作

曾任通用电气CEO的杰克·韦尔奇曾指出：人力资源负责人应是任何组织的第二号重要人物。杰克·韦尔奇之所以如此强调，是因为他深刻认识到人才的巨大作用和价值。因此，主管人才工作的人力资源负责人应当发挥巨大的推动作用，为企业的健康发展做出积极贡献。构建企业的组织能力应当是人力资源管理者和培训管理者的核心职责。

然而，在多年的企业咨询实践中，我们发现许多企业并未从一开始就认识到培训对企业的重要作用，导致培训建设起步晚，甚至错失商机。更多的企业是在意识到培训的重要性后才开始探索如何开展培训工作。例如，一家处于规模扩张阶段的企业，在新开设的城市企业中并未将人才的提前储备和培养纳入规划之中。因此，新企业的人员不得不全部从当地招聘，由于缺乏核心领军人物，导致后续工程质量参差不齐，人员归属感差，迅速流失，最终城市企业被迫关闭。这一系列问题充分暴露出企业在扩张前未能提前储备人才，未能充分发挥人才梯队的价值。因此，我们说人才梯队建设是支撑企业战略落地、实现组织业绩目标的有力保障。

企业管理是一项多层次、复杂的管理任务，规模越大、越成熟的企业更是如此。人才梯队建设作为企业管理的重要组成部分，并非孤立存在的工作。无论是企业经营者还是培训管理者，要想做好企业培训工作，使其

真正助力企业发展，不仅需要了解以领导力提升等目标的培训项目组织实施方法，还需要充分理解培训在企业不同发展阶段、不同模块工作任务中的相互协同作用。换句话说，我们需要明确在何时、何地、何种情况下需要培训介入；同时，需要掌握哪些培训实施的理论模型、方式、方法能够确保培训的有效落地。

总结

　　以上内容强调了人才及人才梯队对企业的重要性，以及人才梯队建设的步骤和原则。这要求企业设计一个科学的人才培养体系，帮助企业明确人才应该学习什么、如何学习，以满足员工履行岗位职责、晋升等需求，进而使人才发展战略有效支撑企业战略目标的实现。这正是本书核心内容——敏捷学习地图构建所要探讨的议题。

第二章

敏捷学习地图构建
方法论

第一节
基本概念

一、什么是课程体系

理解课程体系，有必要首先明确"课程"的定义。关于"课程"，国内外研究者给出了不同的解释。胡弼成在《高等学校课程体系现代化研究》中指出，西方的"课程（curriculum）"一词源于拉丁语的"跑道（Cursum race course）"，在教育领域被引申为学习者的学习路径，与"学科内容的学习进程"意义相近。较早且系统地研究课程定义的是美国学者奥利弗（Albert L. Oliver），他从广义到狭义列出了"课程"的七种解释，包括：①学生经历的全部经验；②在学校指导下学生经历的全部经验；③学校提供的全部学程；④旨在达到一定目的的特定学程的系统安排；⑤特定学科领域内提供的学程；⑥某个专业学校的教学计划；⑦个体修习的科目。[1]

中外研究者对课程的界定虽不尽相同，但整体上区分了狭义和广义的概念。狭义上，课程指一门学科或学科的分支；广义上，课程则指所有学

---

1 胡弼成.高等学校课程体系现代化研究[D].厦门大学,2004.

科的总和，其本质内涵是在学校教育教学环境中，旨在促进学生全面发展的教育性经验，是学校实现教育目标的主要手段和媒介。[1]作为学校教育中不可或缺的关键要素，高等学校的课程相比中小学课程更具专业性。

课程分类可根据不同标准进一步细化，如内容性质上分为理论型课程、技能型课程、通用课程和专业课程等；层次设计上分为公共基础课、专业基础课和专业课程；修习要求上分为必修课程和选修课程。实际上，学校的课程分类方式和维度更加多元与丰富。

关于"课程体系"，国内外研究者也给出了不同阐述。狭义上，它主要指各类课程之间的组合，如赫冀成、张喜梅在《课程体系与人才培养比较》一书中所述，它是所有课程之间的分工和配合，是教学计划的核心。广义上，课程体系指在一定的教育价值理念指导下，将课程的各个构成要素加以排列组合，使各要素共同指向课程体系目标（或专业目标）实现的系统。一般认为包括三个层次：一是宏观的专业设置，涉及高等教育的学科及专业；二是中观的课程体系，指高等学校为实现专业培养目标而设计并指导学生的所有学习内容及其构成要素的总和；三是微观的教材体系，即某专业内某具体课程的教学内容。[2]

社会需要推动学校教育的发展，而学校教育、学科设置及课程体系建设的发展也促进了企业人才培养与发展的理论和实践研究。现实中，企业培训与学校教育存在差异。作为营利性经济实体，企业培训更强调实用性和实效性，其目标是培养员工快速适应岗位的职业能力或超越岗位需求的综合性技能，以及应对环境变化和业务变化的关键能力。因此，培训目

1　赫冀成,张喜梅.课程体系与人才培养比较[M].沈阳:东北大学出版社,1994.
2　胡弼成.高等学校课程体系现代化研究[D].厦门大学,2004.

标、内容和方式需紧密结合实际工作，基于特定工作场景和需求设计。准确了解与分析岗位工作规范、流程、标准是针对性教学设计的必要前提。学校教育与企业培训之间的隔阂促使研究者探索适应企业人员职业能力培养的策略与方法，以缩短员工胜任时间，高效开展训练，使员工快速提升能力，为企业创造价值。

基于此，研究者借鉴学校教育课程体系建设经验，结合企业人才培养实际，逐渐发展出基于企业视角的课程体系建设方法论系统。这一体系旨在研究员工胜任岗位所需的能力及培养这些能力的要素，包含学习主题、目标、内容、方式、时长、评估建议和所需资源七个要素。学习训练目标与工作绩效目标保持一致，不同内容对应不同学习方式，确保学习效率。明确的课程体系能够帮助企业关键岗位人员清晰了解岗位职责和发展路径，加速其从不胜任到胜任再到优秀的转变，从而构建高效的人才梯队。

二、什么是学习地图

学习地图，又称学习路径图，是按照员工胜任某个岗位或完成某项工作任务所需能力的顺序来编排学习主题，并通过不同的颜色、尺寸、表格等方式，将各个主题的学习内容、方式、时长、评估方法和培训资源进行视觉化呈现的技术。学习地图是课程体系的视觉化表达，当课程体系构建完成后，通过图形化展示，能使课程体系结果更为直观和具体。两者的关系，如同硬币的两面，底层逻辑和内容保持一致。

关于学习地图，行业内存在不同的称谓，如学习路径图、学习旅程等，不同企业和研究者也给出了各自的定义和解析。学习路径图的概念最初源自国外，吉姆·威廉姆斯和史蒂夫·罗森伯姆在其著作《学习路径图》中定义了这一概念，指出它是"从培训结束到胜任工作期间所经历的一系列有序的活动、事件以及体验"[1]。吉姆·威廉姆斯和史蒂夫·罗森伯姆通过大量实验发现，单纯依赖能力模型来构建培训体系存在局限。能力模型虽明确了企业或岗位所需的能力素质，但未具体说明学习策略。他们在多家跨国企业的实践中发现，仅根据能力模型制定学习策略，分别培养不同能力的员工，效果并不理想。单独选择一项能力作为培训主题，期望员工自行整合所学并应用于实际工作，这种方法的培训效果有限。相反，若以典型工作任务为培训主题，效果则更为显著。

王成、王玥、陈澄波在《从培训到学习》一书中认为，学习地图是"以能力发展路径和职业规划为主轴设计的一系列学习活动，直接体现了员工在企业内的学习发展路径"[2]。这些学习活动既包括传统的课程培训，也涵盖新兴的学习方式，如行动学习、在线学习等。一些咨询机构提出学习地图构建有五种模式，包括基于企业未来发展的战略驱动型、基于核心工作流程提炼能力素质的流程驱动型、基于领导力管道的领导力型、基于具体工作任务和场景的任务驱动型，以及职能驱动型和里程碑驱动型。

随着企业的发展及培训基础的逐渐成熟，近年来学习地图在企业内的应用愈发广泛。尽管学习路径图和学习地图在名称、模式、建设依据及实施路径上存在差异，但其本质并无实质性区别。

《学习路径图》一书中介绍的方法侧重于基于任务模型构建学习路径图，为岗位设计学习培训计划。一些咨询机构的学习地图构建则基于能力

1　吉姆·威廉姆斯,史蒂夫·罗森伯姆.学习路径图[M].朱春雷,译.南京:南京大学出版社,2010.
2　王成,王玥,陈澄波.从培训到学习[M].北京:机械工业出版社,2010.

地图，即先根据岗位职责构建能力模型，梳理能力清单，进而形成课程体系。无论是基于任务模型的学习路径图，还是基于能力模型的学习地图，两者最终都服务于培训资源建设、学习活动设计与实施。两种方法均强调对员工现状的评估，识别个体能力差距，从而指导企业培训部门或员工制订学习计划，迅速提升岗位胜任力。

学习地图采用"用以致学"的培训思维，即所学即所做，所做即所学。它被视为员工学习发展的GPS，使新员工从入职之初就能清晰了解自身能力定位，明确从胜任岗位到成长为骨干、专家的成长路径及每个阶段的提升重点。下面以培训岗位序列的学习地图为例（见表2-1），带领大家深入了解学习地图的应用。

表2-1　培训岗位序列学习地图

培训管理者学习地图——全图											
岗位	职责	能力要求					第一个月				第二个月
		基础知识	通用技能	管理培训项目	需求分析能力	……	第一周	第二周	第三周	第四周	第一周	第二周
培训管理者三级	A. 建立培训管理制度 B. 调研培训需求 C. 制订年度培训计划 ……			培训管理程序制定						■		
					绩效改进技术				■			
			双赢思维					■				
	行业发展趋势											

培训管理者学习地图——全图

岗位	职责	能力要求					第一个月				第二个月	
		基础知识	通用技能	管理培训项目	需求分析能力	……	第一周	第二周	第三周	第四周	第一周	第二周
培训管理者二级	A. 参与制订公司级年度培训计划 B. 管理培训资源 C. 设计基础培训项目方案 D. 讲授基础课程 ……			学习方法的整合应用								■
			影响力沟通								■	
					培训需求分析						■	
			呈现技巧									
				培训档案管理				■				
				培训项目设计				■	■			
培训管理者一级	A. 组织培训项目实施 B. 统计培训效果评估问卷结果			培训项目运营							■	
			基础沟通技巧									
		人力资源相关知识								■		
		公司各项制度										
		公司介绍							■			
		企业文化					■					

学习地图是通过一个主线进行设计的学习规划，其最左侧展示的主线即培训岗位序列人员的能力成长路径及职业发展阶梯，由一级升至二级，再由二级升至三级，这不仅体现了培训岗位人员学习发展的层次性，即由

浅入深，也反映了能力成长及所承担的岗位职责的进阶性，即由易到难。

能力差异及所担当职责的难度要求，通常与员工的岗位层级相对应。随着工作挑战和困难的增加，学习训练的内容深度也相应增加。能力要求是基于三个层级培训岗位人员的职责梳理提炼而来的，根据这些能力要求及不同层级所承担的职责，我们确定了每个层级的学习课程主题。例如，一级学习培训项目运营，二级学习培训项目设计，三级则深入学习绩效改进技术和培训管理程序制定等。这些学习主题的确定，旨在培养和训练岗位人员掌握相应的方法技术，并将其最佳操作应用于实际，以有效服务于关键任务和岗位绩效的达成。

学习地图右侧的时间区域，描绘了培训岗位人员学习成长的时间轨迹。每个阶段下的单元格内，不同的颜色标识代表了不同的学习方式。基于能力培养的学习方式必然是混合式的，因为单一的培养方式往往难以达到既定目标。因此，学习方式可以包括课堂面授、自学、轮岗学习、在岗带教，或者指导他人、实践练习等。选择哪种学习方式，取决于学习内容的难易程度和要达到的学习目标，以最能实现目标为选择依据。其中，不同颜色单元格所横跨的长度，代表采用该学习方式所需的时间，每个单元格通常代表一周。根据岗位特点及项目实际需求，时间的颗粒度也可以细化到天甚至小时。

在这张学习地图的指引下，从初级培训管理者开始，经过三个阶段的系统性训练，他们可以更高效、更高质量地成长为三级培训管理者。从起始阶段开始，他们就能明确自己的努力方向，职业成长因此具有清晰的目标感和驱动力。

第二节

为什么越来越多的企业
需要构建学习地图

企业的竞争，归根结底是人才的竞争，这种竞争不仅体现在数量上，更在于质量。

任正非曾指出，"人才不是企业的核心竞争力，对人才的管理能力才是"。学习地图，从组织战略的角度出发，审视员工能力发展需求，通过科学、体系化的设计与培养，提升员工的岗位胜任力和持久竞争力。这不仅有助于企业积累持续的人才数量与质量，还能巩固其内在的人力基石。与任职资格、能力模型等员工能力管理体系形成协同效应，共同构建企业的人才管理能力。在竞争日益激烈的背景下，加强企业人才供应链的建设至关重要。学习地图作为提升员工能力的顶层规划，对于促进企业形成人才"造血"机制、提升组织能力具有不可忽视的现实作用。

聚焦人才梯队建设，学习地图提供了方向性指导。它融合了组织层面、业务层面以及员工个体发展的需求，凝聚企业各方力量，获得资源支持，有效地将企业发展战略与员工职业发展、组织业绩提升紧密结合。

安迪曼咨询自2010年起，每年对中国培训行业进行深入研究，并发布

《中国培训行业研究报告》。根据《2020—2021年度中国培训行业研究报告》的调研结果，各大企业正在加速学习地图构建，这已成为一种明显的趋势。

"几乎所有企业都认为，仅仅构建课程体系并不能完全实现人才培养的目标（2020年0%，2019年0.6%）。与2019年相比，计划进行课程体系规划但尚未开始的企业占比上升了1.2%。完成所有类别、所有层级课程体系规划的企业并不多，2020年仅有12.2%的企业完成了全员课程体系建设；完成部分关键人员课程体系规划的企业占比为50.8%，与往年相比有0.5%的增幅。大多数企业在课程体系建设方面已不再停留在解决有无的阶段，而是更加注重如何使其更加体系化。"[1]

同时，根据《2021—2022年度中国培训行业研究报告》的调研结果，学习地图/课程体系建设仅次于人才梯队建设、变革与创新、AI培训，成为企业关注的焦点，如图2-1和图2-2所示。

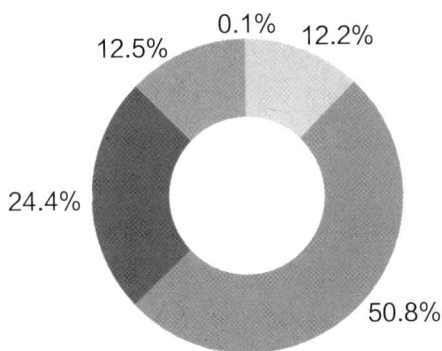

图2-1　《2020—2021年度中国培训行业研究报告》

1　2020—2021年度中国培训行业研究报告[R].安迪曼咨询,2021,P48.

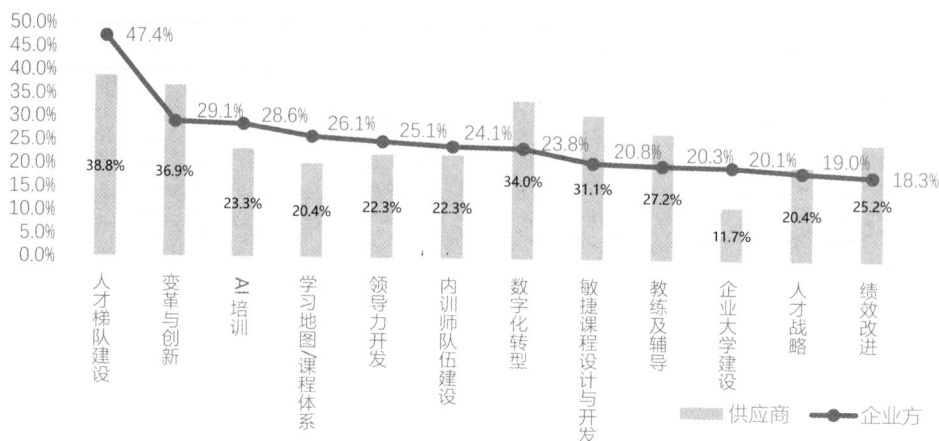

图2-2　《2023—2024年度中国培训行业研究报告》

　　学习地图的特点体现在科学性、实用性、经济性和完整性上。组织内不同对象虽关注焦点可能有所不同，但学习地图的不同特点可以侧重地满足不同对象的期望与需求。

一、服务组织战略落地，实现人才随需到位

　　组织战略决定人力资源战略，而人力资源战略的落地离不开人才供应链的建设。充足的人才梯队是企业的核心竞争资源之一。在当前充满不确定性的时代，组织变革、业务创新、经营模式调整已成为企业发展的常态。为快速适应变革，企业对适应业务发展需求的关键岗位人才的需求日益强烈而紧迫。这些关键岗位人才在企业中普遍属于紧缺资源，外部招聘虽为供给手段之一，但往往成本高、获取难。若过度依赖外部供给，可能导致企业人才根基不稳，在竞争激烈的形势下付出更高的成本，包括物质成本、时间成本或机会成本。因此，着眼于企业短中长期各阶段发展目标，基于学习地图规划前瞻性地开展体系化培养，有助于企业实现人才随需到位，对组织战略和人力资源战略的落地发挥巨大促进作用。

由于学习地图与员工职业发展路径相结合，它对员工的个人发展与职业成长具有牵引作用，无形中形成一股向上的拉力，有助于企业内部形成公平竞争、自我驱动、持续学习的组织氛围，从而吸引与留住优秀员工，促进学习型组织的构建。

二、梳理沉淀组织经验，促进业务骨干批量复制

学习地图构建的实质在于组织经验的萃取。通过提炼总结绩优业务专家的最佳操作、最佳经验，确定最佳规范，并在更大范围内推广复制，从而提升团队的整体竞争力。随着业务的快速发展，新员工人数多、成长慢、培养周期长、绩效低成为普遍性问题。此时，通过挖掘提炼绩优员工的最佳做法，用于新人培养和带教，以及能力处于成长期的员工的自我提升，能够收到显著效果。以销售团队为例，业绩最好的员工往往仅占团队的前20%。通过萃取这些绩优员工的工作方法，形成学习地图，并系统性地复制给其他80%的销售人员，不仅有助于业务管理者找到培养下属的务实方法，减轻管理压力，也有助于降低绩优员工带教新人的负担。同时，这也为员工个人主动弥补短板、加速成长提供了第一手的经验，进而促进团队能力及业绩的整体提升。

三、培训体系规划依据，以终为始提升培训效果

传统培训计划的制订及培训项目的设计多基于访谈、调研和业务部门的需求。尽管这些做法有其作用和意义，但它们难以全面展示关键岗位的工作全貌，导致培训内容与业务场景及员工的实际需求存在显著差距，使得实用性大打折扣，进而影响预期效果的实现。当员工面临新的职责、岗

位转换或职位晋升时，传统培训方式往往难以提供有效的学习支持。

学习地图的构建则围绕组织战略对岗位能力的要求，综合工作任务分析，基于胜任标准确定培训内容及方式。从一开始，学习地图就对岗位各级人员的学习重点及要达到的目标进行了清晰、分层分类的划分。训练目标与工作绩效目标相一致，为切实提升培训效果奠定了基础。

由于缺乏课程体系的指引，许多企业在制订培训计划时表现出一定的随机性。课程零散，缺乏系统性，往往只是单点发力。培训工作容易跟风，流行什么就组织什么培训。无论是内部课程开发还是外部采购，都缺乏深入系统的规划，导致投入大量时间、资金后，培训效果并不理想，造成了成本浪费。面对业务部门的问题与需求，培训部门往往无法抓住关键要害，陷入被动解决点状问题的境地。

通过构建学习地图，我们可以避免不同课程之间内容的交叉和重叠。学什么、怎么学、学多长时间、哪种学习方式最优、如何评估效果等均已得到明确规划。这不仅解决了学用结合的问题，也为培训部门提供了明确的指引。根据学习地图的指引，培训部门可以量身定制培训方案或整体性培养计划，并据此判断和决定人财、物力的投入。这不仅可以清晰地制定培训预算，节省培训成本，还能帮助培训管理者及时、深入地解决业务问题，最大化人才培养效率，从而以终为始提升培训效果，真正将培训转化为业务成果。

四、赋能与激活员工，提升组织创造力

随着业务的迅速发展，对人力资源的要求也随之提高。作为人力资源部门，常面临优秀人才难招、员工流失率高、人才选育用留缺乏牵引和驱

动等无法回避的现实问题。作为人力资源管理者，需要以系统性的视角来思考与规划企业人力资本的建设与开发，通过赋能员工、激活员工，从而提升组织的创造力。正如陈春花教授所言："从人才角度来看，我们更关心的是，能否搭建一个平台，让员工拥有知识，并真正将企业转变为知识驱动型。在知识渠道和平台的框架下，人才方能真正发挥其作用。"[1]

关于赋能与激活员工，安迪曼咨询《2020—2021年度中国培训行业研究报告》中的"三线"协同观点值得关注。所谓"三线"，即员工职业生涯发展规划、岗位任职资格体系和学习发展路径规划。这三条线在企业内部需形成协同的趋势，即"员工职业发展方向与岗位任职资格要求同频协同，岗位任职资格要求满足学习发展路径规划，人才队伍建设兼顾组织战略、业务结果及员工个人发展的多层次、多维度需求"[2]。三线协同的实现，对于激活员工、提升员工成长性具有积极的现实意义。无论是任职资格体系、学习发展路径（学习地图），还是员工职业生涯发展规划，作为企业人力资源管理的基本要素，其必要性和重要性不言而喻。其中，学习地图在其中扮演了重要的角色。

1　陈春花.如何激活员工,让组织更有创造力?[J].北方牧业,2022(5):32.

2　2020—2021年度中国培训行业研究报告[R].安迪曼咨询,2021,P107.

第三节
敏捷学习地图构建

一、学习地图构建的三种模式

学习地图在国内本土化应用迭代过程中，主流的构建模式主要有三种：基于工作任务分析、基于核心能力分析、基于任职资格标准。接下来，我们将探讨这三种构建模式的优点和局限性。

1. 基于工作任务分析的学习地图构建

基于工作任务分析的学习地图构建在企业中的应用最为广泛。其优点在于能够紧密贴合实际工作场景，通过工作坊的形式汇聚业务专家的智慧，开发周期相对较短，通常只需一周左右。此外，这种模式构建的学习地图易于应用、转化和落地。然而，需要注意的是，具体岗位的工作任务并非一成不变，当工作任务发生变化时，学习地图需要及时更新以适应新的需求。

2. 基于核心能力分析的学习地图构建

基于核心能力分析的学习地图构建旨在有针对性地培养员工的能力短板。然而，这种模式也存在明显的局限性。由于仅依据能力项去匹配学习课程，逻辑严密性可能受到质疑。例如，某管理者的核心能力之一是沟通能力，但在为沟通能力匹配学习课程时，会发现众多与沟通相关的课程，难以判断哪些课程最适合该管理者的沟通能力培养。此外，同一课程可能对应不同的能力项，导致学习地图内容出现重叠或交叉，增加了培训资源的投入。

3. 基于任职资格标准的学习地图构建

基于任职资格标准的学习地图构建能够很好地结合员工职业发展通道。然而，单纯依据任职资格标准构建学习地图也存在一些不足。首先，建设周期相对较长，通常需要一个月以上。其次，由于过于依赖任职资格标准，可能导致学习地图的内容较为粗糙，缺乏针对性和灵活性。

二、学习地图构建需融合核心能力模型和任职资格标准

企业在构建学习地图时，应结合上述三种模式的优势，以工作任务分析为主导，同时融入核心能力模型和任职资格标准。

首先，通过工作分析，梳理职位体系，明确职业发展通道，并确定学习成长阶段，这是学习地图设计的起点。在此基础上，进一步通过能力分析构建胜任力标准、知识与技能清单，这是学习地图设计的关键环节。能力分析通常涵盖胜任能力识别、能力分类、能力分级、能力定义等步骤，进而构建完整的能力模型或能力体系。

此外，若企业已设有任职资格标准，还需要对岗位任职资格标准进行深入分析，确保员工的学习发展路径与任职资格标准要求相协调，进而实现能力提升、绩效提升和职位或岗位层级的晋升。

三、敏捷学习地图构建方法论

敏捷学习地图构建方法论主要基于敏捷学习地图构建™模型（见图2-3），该模型由安迪曼咨询自主原创，融合了核心能力模型和任职资格标准分析，适用于不同行业、企业及培养人群。这一学习地图开发方法论经过数十年实践应用并验证有效。

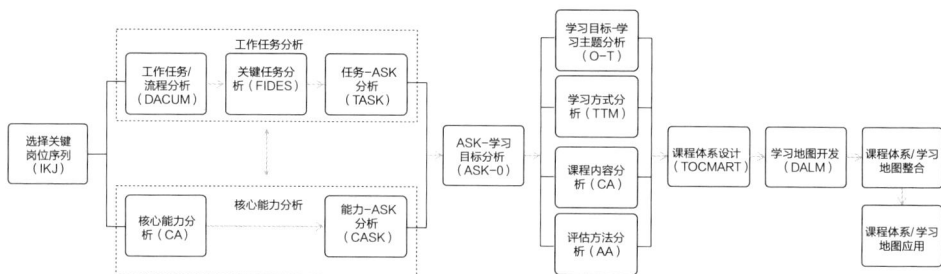

图2-3 敏捷学习地图构建™模型

该方法论将学习地图构建分为七步，具体如下：

1. 选择关键岗位序列

学习地图构建是一项系统性工作，其落地环节需要配套应用措施，如内容开发、培养项目设计等。从投入产出效益角度考虑，企业通常会集中资源在关键岗位上，因此，选择关键岗位序列是首要步骤。（详见第四章）

2. 工作任务分析

确定关键岗位序列后，需要对关键岗位绩优专家的工作职责和任务进行深入分析。安迪曼咨询采用全球广泛应用的DACUM工作任务分析，提炼岗位的工作职责、任务、步骤、标准，以及所需的知识、技能等要素。（详见第五章）

3. 核心能力分析

除工作任务分析外，还需解读岗位核心能力，将能力与知识、技能和态度（简称ASK）相对应。核心能力分析与工作任务分析相互融合、相互校验，能最大程度上弥补各自不足，并充分发挥两种方法的优点，确保学习地图的科学性和实用性。（详见第六章）

4. 设定学习目标

学习目标在学习地图构建中至关重要。敏捷学习地图构建TM模型前半部分聚焦工作场景，后半部分聚焦学习场景，连接两者的桥梁即学习目标，即针对所提炼的知识、技能和态度设定学习者在培训与学习后应达到的目标。（详见第七章）

5. 课程体系设计

确定学习目标后，需要考虑如何根据学习目标来确定学习主题、学习内容、学习方式、学习时长、评估方式、学习资源来源，从而形成该岗位的课程体系。（详见第八章）

6. 学习地图开发

形成课程体系后，需要将其转化为与岗位人员职业成长相匹配的学习地图，即该岗位人员的能力培养路径图。课程体系是二维平面化的，而学习地图则更为立体。（详见第八章）

7. 学习地图应用

对于学习地图的应用，主要体现在以下四个方面（详见第九章）：

第一，制订年度培训计划。从宏观角度看，学习地图是相较于年度计划更为长远的规划。通常，一个岗位的学习地图可以覆盖员工3~5年的能力发展，而年度培训计划则主要针对一年内的目标。

第二，设计培养项目。有针对性地选择课程体系中已规划好的课程作为培训项目的学习内容。这些课程可能是企业内部已有的，也可能需要开发或外部采购。以培训项目的形式，设计成混合式的学习旅程。

第三，指导课程设计与开发。企业内部课程开发常存在一些问题，如内训师选择的课程主题重复、交叉，或与业务相关度不高，导致课程实用性不强、利用率低。有了课程体系，就能从源头上解决这些问题。根据课程体系规划的主题，选择合适的内训师进行开发，确保开发出的课程是业务真正需要的，实现适销对路。

第四，人才发展的指引。企业内部人才发展工作需要围绕组织战略、业务发展和企业文化导向进行。通过建立统一的人才标准（包括胜任力标准及任职资格标准），指导人力资源的选用育留。在此基础上，对照标准开展人才盘点与测评，识别员工的能力优势与短板，进行差距分析。

学习地图作为一套全面的学习系统，对员工学习成长所需掌握的能力进行了规划与设计。通过弥补短板，可以有效利用资源，靶向选择学习与培训的内容，或制订能力培养发展计划，从而采用各种培养手段，提高个体、团队及组织的能力。

不同人群采用的学习地图构建方法存在一定差异。通常，在企业中可以分为两类：第一类是横向建立型，即根据管理层级划分，如高层管理者、中层管理者、基层管理者、新员工等，分别为其建立学习地图；第二类是纵向建立型，即根据序列划分，如生产序列、客服序列、销售序列、研发序列等，分别为这些序列建立学习地图。以下将具体介绍这两种学习地图构建的特点。

四、管理和领导力学习地图构建特点 [1]

对于领导岗或管理岗这种侧重通用能力培养的岗位，构建学习地图时，应主要采用核心能力分析，辅以工作任务分析的方式，同时考虑不同阶段管理者的能力发展特点、需求等基本要素。

1. 学习内容需要满足不同阶段管理者的培训需求

管理和领导力学习地图的构建需要遵循管理者职业发展的规律。2001年，哈佛大学教授拉姆·查兰（Ram Charan）等人在其经典著作《领导梯队》中，将领导者从基层经理人到CEO的成长路径划分为5~6个成长阶段。书中强调，在每次职业跃迁过程中（如从一线经理到职能经理），管理者在价值观、时间管理、管理技能等方面都会面临全新挑战，因此培养重点也需要相应调整。

在新任期，管理者需要快速适应新岗位，此时需要掌握新岗位的必备技能，建立新的人际关系，并寻求认可。此阶段面临的挑战最大，需要管理者迅速掌握新岗位的各项要求。

在稳定期，管理者已适应新岗位，此时应培养更加熟练地应用复杂管理技能的能力，塑造组织所需的领导力，以快速取得业绩。此阶段的工作重心是取得成绩，以证明已具备进入下一阶段的能力。

在提升期，管理者对岗位已驾轻就熟，此时需要设计具有挑战性的项

1　赵实. 构建领导力学习地图打造人才成长加速器[J],2012.

目来考察、培养他们对未来更高岗位的适应能力。

2. 学习方式需要满足不同阶段管理者的学习习惯

在新任期，管理者需要掌握大量新知识、技能、理论和信息，如新岗位技能、行业趋势、政策法规、新技术等。此时，自学和面授培训是较为适合的学习方式。

在稳定期，管理者需要将领导力培养与企业经营管理相结合。此时，行动学习是更为合适的学习方式，通过解决各种复杂、挑战性问题，培养经营管理中所需的领导力素质，并在此过程中积累可应用的管理工具与案例。

在提升期，重点在于萃取管理者的领导思想和经验，将隐性知识显性化，显性知识结构化。工作坊是这一阶段较为适合的学习方式，通过结构化梳理形成可推广、可复制的学习资源，提升管理者的影响力。

以核心能力分析为主的方式构建管理和领导力学习地图，可以使学习地图紧密结合管理者的发展路径，基于不同层级管理者的能力要求以及各阶段面临的重点挑战来设置培养重点。

五、专业技术岗位学习地图构建特点

对于操作型或专业技术型岗位，如培训管理（专业管理岗位）、项目经理、销售（专业销售技术）、一线生产操作岗位等，构建学习地图时，应采用以工作任务分析为主、核心能力分析为辅的方式。

安迪曼咨询的工作任务分析采用DACUM工作任务分析，通过分解岗位或岗位序列的职责和任务，识别关键任务，并聚焦于专业技术岗位的挑战性任务。这一方法有助于明确应达到的质量标准，提炼出达到标准所需的知识、技能与态度，并厘清岗位面临的典型困难与挑战。

核心能力分析则综合采用文档分析、访谈或问卷调研的形式。文档分析旨在理解企业战略对专业技术岗位人员的能力素质要求，从而确定这些岗位人员为履行职责、达到关键绩效所需培养的能力要项。而访谈与问卷调研则主要用于了解企业战略目标、岗位业务现状与战略目标的契合度，以及岗位人员的能力现状和培训重点。

以工作任务分析为主的方式构建专业技术岗位的学习地图，能够聚焦岗位特性进行量身定制，确保学习地图精准贴合岗位实际，实现培训内容与实际工作需要的高度一致。这样的设计不仅易于员工理解，还能有效缩短员工的培训周期。

六、互联网企业如何快速构建学习地图

互联网行业发展迅猛，从业人员普遍年轻化，无论是在技术、产品还是商业运作方面，都充满了创新。为了让员工跟上企业发展的步伐，迅速掌握各种业务知识和专业技能，建立学习地图显得尤为重要。

近年来，安迪曼咨询成功为数百家互联网企业构建了学习地图。接下来，我们将以某知名互联网企业A公司的实际服务项目为例，为大家解析不同岗位学习地图构建方法的区别。

1. A公司管理和领导力学习地图构建

随着业务的快速发展，A公司日益重视各级管理者领导能力的提升。为了做好领导梯队培养的顶层规划，A公司计划建立基层、中层、高层管理者的课程体系及学习地图。在构建过程中，我们基于经典管理学原理，

结合A公司的典型管理场景，迅速萃取各级绩优管理者的优秀经验，以沉淀组织知识资产。

结合A公司的期望，我们采用核心能力分析法对基层、中层到高层三个层级的管理者能力模型及能力标准进行诊断及优化，明确领导力发展路径和各层级的差异性。同时，辅以DACUM工作任务分析，分析各级领导力发展线的工作任务、典型挑战，并结合核心管理能力标准，确保培养目标与A公司管理人员的实际管理场景紧密契合。流程如图2-4所示。

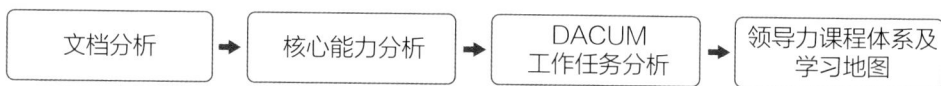

文档分析 ➡ 核心能力分析 ➡ DACUM工作任务分析 ➡ 领导力课程体系及学习地图

图2-4　A公司管理和领导力学习地图构建流程图

2. A公司专业技术岗位学习地图构建

A公司结合战略发展方向，首先选择了产品运营核心岗位进行学习地图的构建。该岗位具有极高的难度和复杂度，且当前岗位人员梯队存在严重断档，人员数量与质量都难以支撑公司相关业务的延伸与拓展。

我们先运用DACUM工作任务分析，全面梳理该岗位履行职责和完成工作任务所需掌握的知识、技能点。结合典型的业务场景以及工作中的困难、挑战，我们梳理出该岗位需要培训的学习主题，同时，辅以核心能力访谈，明确该岗位基于战略和业务期待的能力项，确保学习地图精准贴合岗位实际，且培训内容与公司价值观和战略要求保持一致。流程如图2-5所示。

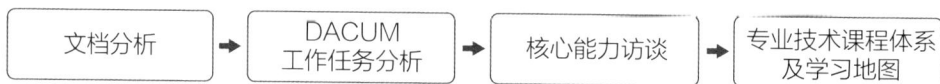

文档分析 ➡ DACUM工作任务分析 ➡ 核心能力访谈 ➡ 专业技术课程体系及学习地图

图2-5　A公司专业技术岗位学习地图构建流程图

第三章

学习地图构建的
理论基础

第一节
学习地图相关概念来源

学习地图构建的过程既专业又科学，逻辑严谨，需要考虑众多因素，如企业发展战略、业务特性、岗位特点、员工发展规律性，以及学习规划的信效度等。在综合国内外专业研究与理论的基础上，我们提炼出敏捷学习地图构建的方法论。本章将介绍相关基础理论的来源，并探讨其与敏捷学习地图之间的紧密联系。

一、终身学习

1965年，联合国教科文组织首次提出"终身教育"的概念，强调构建一个可以让学习者终身受教的环境教育体系，注重生活方面的不断学习与进步的过程。

1972年，联合国教科文组织发布了《学会生存：教育世界的今天和明天》报告，首次系统阐述了"终身学习"的理念，指出教育的重心应从传统的教学原则转向学习者的"自学"原则，强调个人在学习过程中的主体地位[1]。

1　联合国教科文组织国际教育发展委员会.学会生存:教育世界的今天和明天[M].北京:教育科学出版社,2017.

1976年，联合国教科文组织在《关于发展成人教育的建议书》中进一步强调终身学习是每个学习者的权利，并突出了学习者在终身教育框架中的重要性。

1994年，"首届世界终身学习大会"在意大利罗马召开，会上对"终身学习"进行了权威定义，这一定义被国际社会普遍认同："终身学习是通过一个持续的支持过程来发挥人类的潜能，激励并使人们有权利去获得终身所需的全部知识、价值、技能与理解，并在任何任务、情况和环境中都能自信、创造性地应用它们。"

回溯终身学习理念的发展，它与终身教育的思想密不可分，是对终身教育思想的延伸与发展。20世纪70年代前后，包括联合国教科文组织在内，许多国际组织如世界银行、经济合作与发展组织、国际教育发展委员会等，开始积极倡导及推广终身学习理念。其中，经济合作与发展组织强调教育机制的有机作用，将终身学习理念推广到有工作经验的人群中，使其获得继续教育的机会。[1]个人发展的形成依赖于其致力于终身学习的态度。该组织从三个方面来说明终身学习的特点：首先，终身学习能促进市场经济的发展，具有社会价值；其次，终身学习在工作中的地位非常重要，它能让个人在工作中开拓更宽的眼界，创造更高的价值；最后，通过制定各类终身学习的相关政策，及时发布相关学习的信息与资源，助推各组织成员实施终身学习的步伐。[2]

在倡导及推动终身学习的实践中，企业是不可或缺的重要力量，是驱动员工积极、持续、多元化地开展终身学习的特殊主体。学校教育结束

1　夏雪薇.终身学习理念下的企业大学发展研究[D].湖北:湖北工业大学,2019.
2　吴雪萍.终身学习的推进机制比较研究[M].杭州:浙江大学出版社,2010.

后，大量就业者进入工作场所，企业通过人才培养，不断提升员工和组织的核心竞争力，以保持在竞争中的优势地位。众多企业通过设立培训部门、培训中心或企业大学，整合企业内外资源，为员工提供开放式的学习机会与培训内容，延续了学校教育之外的职后继续教育。同时，在组织内部营造良好的学习氛围，帮助员工达成终身学习的状态，持续提升员工的知识技能水平，为组织的业绩增长与可持续发展积累并释放动力，也为建设学习型组织提供了积极的环境与支持。

服务于组织绩效的提升，企业内部培训多侧重于与工作相关的知识教育和岗位技能训练，以及结合员工职业发展和关键岗位继任计划。通过系统的课程、岗位轮换、在岗锻炼、团队项目、导师带教、挑战性任务等多种方式，促进员工加速成长。为有效吸引、培养和留住人才，企业需要结合组织战略及业务发展目标，设计培训体系，复制关键岗位人才。同时，根据企业不同工种及岗位的特性，设计个性化、针对性的培养方案，并通过总结和沉淀企业核心知识，在人才培养过程中加以推广与复制，推动企业形成源源不断的人才储备。

二、学习型组织

学习型组织理论源于西方，1956年，美国麻省理工学院的佛瑞斯特教授创立了工业动力学，专门研究工业企业管理。他提出，人类社会的大部分问题之所以无法解决，是因为思考方式的不同与使用工具不当。这一理论在后来的实际应用中被称为"系统动力学"，是学习型组织发现的重要理论。随后，佛瑞斯特在《新型的公司设计》一书中，运用系统动力学原理，描绘了未来企业管理组织的简化流程、信息集体共享和管理标准统一的组织结构，并首次提出了"学习型组织"的概念。

彼得·圣吉作为学习型组织理论的奠基人，同时也是佛瑞斯特的学生，在研究了大量企业兴衰史和企业管理实践后，出版了其代表作《第五项修炼：学习型组织的艺术与务实》。在书中，他提出了建设学习型组织的五项修炼。他认为，学习型组织的本质是由一个深层的学习循环所构成，即通过认知和感知，改变人们的态度和信念，进而产生新的技巧和能力，这样不断循环促进个人和组织不断提高认知水平和实践能力。同时，他指出："企业若想成为一家出色的现代学习型企业，需要带动企业内部全体人员进行不断的学习突破，并有组织性地进行持续学习——这就是学习型组织。它具有高于个人绩效带动整体绩效的特点。"[1]彼得·圣吉在"五项修炼"中说明，学习型组织的创建需要从自我超越开始，不断改善心智，设定共同的愿景，进行团体学习与系统性的思考。系统思考是学习组织中的重心，创新学习型组织需要企业具备系统化思维。

作为学习型组织，它关注发现、纠错、成长这样一个不断循环的过程，核心在于内部建立组织思维能力，建立自我学习机制，使组织成员在工作中融入学习，使学习成为一种常态的工作新形式。成员在学习过程中注重对原有工作问题的思考及不断改进的创新，包括对观念、制度、方法及管理等多方面的不断推进。重要的是，学习并非个体简单的行为，应该站在组织角度，从企业战略目标的高度认识组织环境并组织学习，团队是组织学习的基本单位，是学习型组织的基础。

国内学者对学习型组织的内涵和特征也进行了大量的研究。例如，邱昭良博士先后出版了著作《学习型组织新思维》和《学习型组织新实

1　彼得·圣吉.第五项修炼:学习型组织的艺术与实践[M].张成林,译.北京:中信出版社,2018.

践》，学习型组织专家张声雄则提出了"工作学习化、学习工作化"模式的学习型组织，并指出学习型组织的六个要素：终身学习的理念与机制、多元反馈与开放的交流系统、乐于共享与充分互动的学习氛围、持续提高的学习力、工作学习化促使组织成员充分地自我实现、学习工作化推动组织不断创新优化[1]。

学习型组织理论对企业培训产生了巨大的影响和深刻的启示。正如北京大学光华管理学院董小英教授所说："学习能力、速度、范围和深度，已经成为各类组织、团队和个人实现自我超越、保持可持续发展和平衡关键成功要素的重要方法和途径。只有个人的成长，才有企业的增长，而人的增长核心动力就是通过学习实现心智模式的改善和能力的提升。组织学习会使个人学习更加丰富、全面、有效和有益。"学习型组织倡导终身学习理念，使企业的人才培养、组织能力修炼朝可持续发展的方向前进。

学习地图构建也是推动员工可持续发展的培训规划之一，它将员工的学习成长、能力提升与职业发展紧密结合，聚焦于培训的中长期效益与价值。在市场竞争日趋激烈的环境下，通过提高员工的学习力，将其凝聚为组织发展的动力与能力之一，持续创造与提升价值，从而服务于企业总体发展战略的实现。

1　朱立松.公司研发团队学习型组织的构建[D].济南:山东大学,2012.

第二节
学习地图核心分析方法

一、工作任务分析

工作任务分析不仅服务于学习设计和培训，更是企业人力资源管理中的一项关键工作，如图3-1所示。通过对工作目标、工作流程、组织战略以及外部市场局势的动态分析，工作任务分析为企业的运营发展和管理决策提供有效支撑。

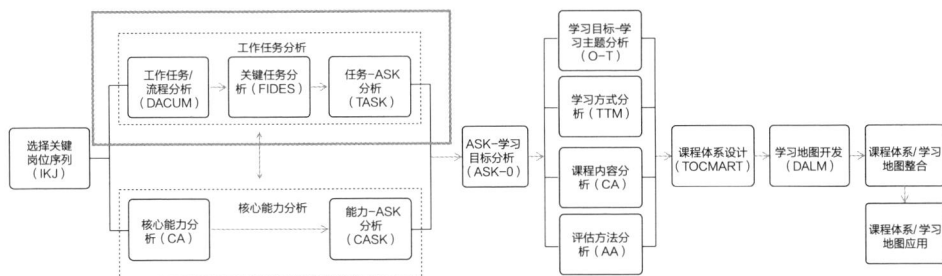

图3-1　工作任务分析

"任务分析"这一概念，最早由心理学家米勒（R.B.Miller）提出，主要应用于第二次世界大战中军事人员的选拔、测评及培训工作。在军事训练计划中，米勒首先对学习程序进行深入分析，同时探讨学习任务的类型及学习的内外条件。1962年，任务分析被引入工业人员的培训工作中，逐渐发展为作业分析。[1]到了1974年，加涅（R.M.Gagne）在其著作《教学设计原理》中，对任务分析进行了详尽的阐述，他强调设计教学的最佳方式应从所期待的教学结果出发进行逆推，指出任务分析既可以是教程的组成部分，也可以是单课的分析，只是分析的范围有所不同。

任务分析主要分为两类：第一类是过程任务分析，又称信息加工分析，主要描述完成某一任务的详细步骤，即将任务分解为完成该任务所必须执行的各个环节；第二类是学习任务分析，在确定最终目标后，通过深入分析以确定所需的前提能力或技能。[2]

在《学习设计》一书中，工作分析被定义为收集、组织、评估和汇报与工作相关信息的过程，旨在明确工作中所需的知识、技能、工具、条件及其他需求。为了确保学习项目达到预期效果，工作任务分析成为其重要的前提和基础。[3]

根据加涅的观点，只有当教学目标有效地转化为学习者的学习任务时，才有望实现预期的教学目标。因此，工作任务分析从教学目标出发，将不同的教学目标根据学习结果类型进行分类。由于不同类型的知识学习需要不同的学习条件，教学应依据预期的不同学习结果来创设或安排适当的学习条件，从而帮助学习者有效地进行学习，使预期的学习结果得以实现。[4]不同研究者对工作分析的深入阐述，充分展示了工作分析在教学设计中的重要意义和价值。本节将简要介绍几种工作任务分析的方法及其理论

1　杨乐.任务分析理论在化学教学设计中的应用[D].山东:山东师范大学,2014.

2　加涅.教学设计原理[M].皮连生,庞维国,等译.上海:华东师范大学出版社,2018.

3　王楠,崔连斌,刘洪沛.学习设计.[M]北京:北京大学出版社,2013.

4　毕华林,卢巍.任务分析理论与化学教学设计[J].中国教育学刊,2000,4(2):49-51.

来源。

1. 乔纳森工作任务分析法

工作任务分析的发展历史十分悠久，各国学者都对其进行了广泛的研究与分析，并根据不同的目的和方向分化出多种方法。1999年乔纳森（D.H. Jonassen）等人在其著作《教学设计中的任务分析方法》中将任务分析方法分为五大类，具体如表3-1所示。

表3-1　乔纳森工作任务分析法

类　别	具体方法
岗位/职位分析	岗位分析、步骤分析、工作任务分析、职能工作分析
学习分析	学习层级分析、信息加工分析、学习相关分析
认知任务分析	GOMS（目标、算子、方法和选择）、PARI（预测、行动、结果和解释）、DNA（分解、网络与评估）、认知模拟、基于案例的推理方法
活动分析	活动理论、语法分析、关键事件/关键决策法、任务知识结构法
主题/内容分析	概念地图分析、设计图矩分析、凯利方格技术、错误树分析

乔纳森认为，"无论工作任务分析是用于生产直接的教学、行为支持，还是构建主义学习环境，都是教学设计过程中最为重要的环节"[1]。

2. DACUM工作任务分析

DACUM（Developing A CurriculUM）作为一种有效的工作任务分析方法，起源于北美地区，如今已在澳大利亚、德国、日本、瑞士、新西兰、新加坡等三十多个国家和地区的政府劳动人事部门、工商界知名企业人力资源开发部门以及现代职业技校得到广泛应用。20世纪60年代末，加拿大区域经济中心试验项目分支机构和纽约通用学习公司针对教学培训目标和

1　杨心德,徐钟庚.教学设计中的任务分析[M].杭州:浙江大学出版社,2008.

内容与实际工作需要存在较大出入，导致教学培训无法满足实际工作需求的问题，进行了深入研究。他们发现，通过优秀员工和业务专家分析并确定的工作岗位胜任能力，更能贴近实际工作的要求。于是，DACUM这种科学、高效分析确定职业岗位所需能力的职业分析方法得以开发。

DACUM工作任务分析既可用于确定工作所需的能力和单项技能，也可用于明确工作的具体任务和职责。它采用"七步走"的方式来确定工作剖面图，即通过分析确定以下方面：①步骤顺序；②绩效标准；③相关的知识与技能；④使用的工具设备；⑤工作者的行为和态度；⑥安全性的考虑；⑦任务绩效中涉及的决策以及未来的职业趋势和关注焦点。这种方法为分析特定岗位或任务提供了框架模式。

DACUM工作任务分析已广泛应用于专业、管理、技术、技能以及半技能层面的工作岗位分析中。随着全面质量管理、ISO9000和QS9000对质量要求的提升，其应用逐渐加强，并被广泛视为各类行业体系和流程分析的基础和理论依据。由于该方法的初衷是针对教学设计而创立的，因此命名为DACUM。

本书中关于学习地图构建的工作任务分析方法即DACUM工作任务分析，由安迪曼咨询创始人崔连斌博士和胡丽博士引进，并根据中国国情及上千家企业的实践进行了优化与改良。具体的操作方法及流程将在后续章节中详细介绍。

二、核心能力分析

能力模型的应用始于20世纪70年代，当时美国国务院发现仅以智力因素选拔外交官的效果并不理想，许多看似优秀的人才在实际工作中的表现却不尽如人意。1973年，哈佛教授麦克里兰（McClelland）博士协助美国国务院选拔外交官时，首次提出了能力素质的概念。面对如何选拔适合担任签证官或外交官的问题，麦克里兰经过研究后设计了一种能有效预测人员业绩的选拔和培养方法，即后来广泛应用的能力素质模型。

能力素质的概念提出后，在企业界得到了广泛应用，许多国际先进企业都将其系统化地应用于人才的选拔、评价、培养和发展中。

能力模型的建设需要紧密结合企业战略，从上至下进行分解，将组织战略与业务发展目标对人员的能力要求融入模型建设中。在构建课程体系时，结合能力模型，无论是建设特定岗位的课程体系还是专业序列课程体系，都能很好地做到既源于现实又高于现实。这既基于岗位对人员的现实能力要求设定学习内容，又在内容设计上体现出前瞻性。同时，根据能力模型对各个不同层级的界定和标准要求，课程体系也分层设定了每一职业发展阶段应培训的内容，规划了阶梯性的学习成长路径。核心能力分析如图3-2所示。

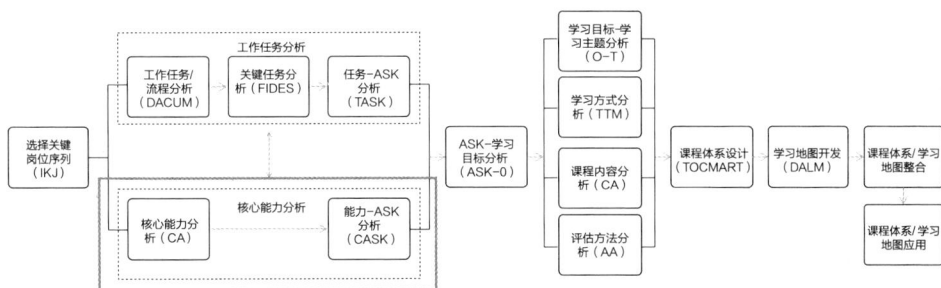

图3-2 核心能力分析

第三节
学习地图构建分析方法来源

一、俄亥俄州立大学 SCID 课程体系建设

SCID，即Systematic Curriculum and Instructional Design（系统课程与教学设计）的缩写，它是一种用于高效快速开发课程与教材的方法。SCID课程体系建设流程如图3-3所示。

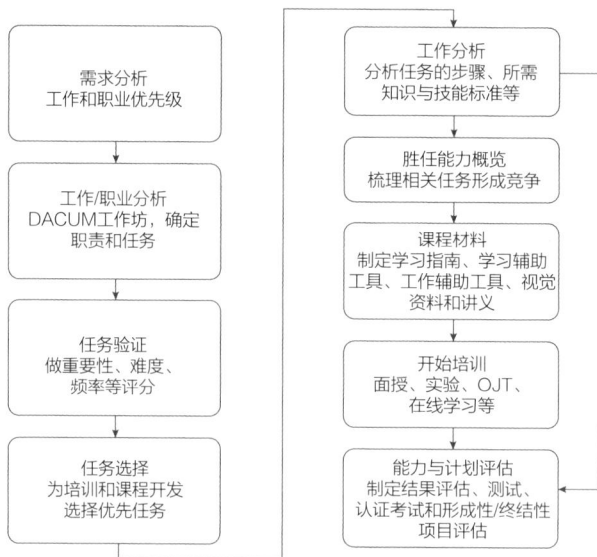

图3-3　SCID课程体系建设流程

二、教学/学习目标分类法

敏捷学习地图构建TM模型整体由两部分组成：前半部分聚焦工作场景，通过对目标岗位或序列进行工作任务分析，实现解剖式的全面剖析；后半部分聚焦学习场景，基于工作分析数据深入研究培养胜任岗位所需各项能力的学习要素组合。而学习目标，作为链接两个场景的桥梁，不可或缺，如图3-4所示。

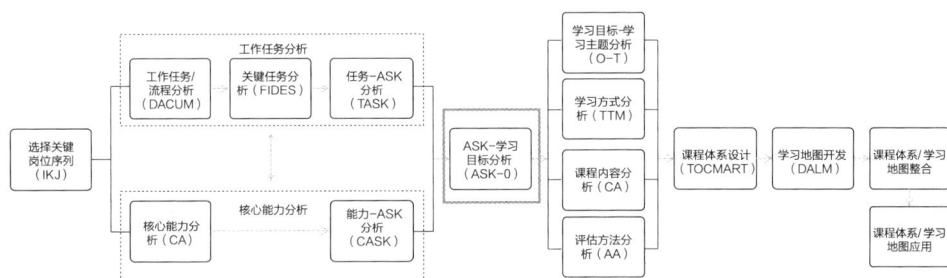

图3-4　学习目标分析

在学习地图构建中，将分析过程转换为学习语言是关键环节。学习目标分析为这一转换提供了科学依据，因为学习目标是预期的学习者学习结果，既是培训的出发点，也是落脚点。缺乏目标，培训和教学就会失去方向，效果评价也会缺乏标准。因此，学习目标具有无可替代的重要性和科学性。本节将重点介绍几种经典的学习目标分类理论。

1. 加涅的教学目标分类

20世纪60年代，美国著名学习与教学心理学家加涅基于信息加工理论，创立了具有较大影响的信息加工学习理论。加涅认为，人类学习现象复杂多样，不能用单一理论全面解释，因此主张对学习进行分类研究。设计教学活动的最佳途径是根据教学目标来安排教学工作，而教学目标的分类实质上就是对学习结果的分类。将学习结果作为教学目标，有助于确定实现目标所需的学习条件，进而从学习条件中推导出教学事件，为教师提供明确的指导。因此，对学习结果的分析为教学设计提供了可靠的依据，有助于顺利实现教学目标。加涅根据学习者学习后的行为变化，系统总结了学习结果的类型，将学习目标分为以下几种主要类型。[1]

（1）言语信息。个体运用口头语言或书面表达等陈述事实的能力。教学活动的目标之一是向学习者传递各种言语信息。言语信息作为一种能力的学习，意味着一个人能够以一种陈述的方式来表达他已经习得的内容。根据复杂程度的不同，言语信息可以分为三种类型：第一类是命名，即给物体的类别命名；第二类是表述，即用简单命题或句子来表述事实；第三类是知识群，即各种命题和事实的聚合体。

（2）智慧技能。学习者运用符号概念与环境相互作用的能力。智慧技能是学校教学中最基本、最普遍的内容，它涵盖了从最基本的语言技能到高级的专业技能。与言语信息相比，智慧技能更侧重于学会如何做某些理智的事情，而言语信息则更关注于知道某些事情或某些特征。通俗地说，智慧技能关注于会做什么，而言语信息则关注于知道什么。

（3）认知策略。学习者指导自己学习、记忆和思维的能力。加涅认为，学习者能否解决问题，既取决于是否掌握了相关规则，也取决于其控制自己思维过程的策略。认知策略的性质与智慧技能有所不同。智慧技能主要指向学习者与环境的互动，使学习者能够处理数字、文字和符号等；而认知策略则是指在应对环境事件的过程中，学习者控制自己思维过程的行为和能力。同时，认知策略与智慧技能常常在学习过程中相伴而行，学

1　加涅.学习的条件和教学论[M].皮连生,王映学,等译.上海:华东师范大学出版社,2000.

习者在学习智慧技能的同时，也在形成和调整学习、记忆和思维的方式。

（4）动作技能。学习者完成一系列组织化动作行为的能力。动作技能需要通过长期、持续的练习，才能逐渐达到熟练和完全掌握的水平。当学习者能够流畅地完成某种规定动作，且这些动作已经组织成一个连贯、精确并在规定时间内完成的序列时，才可以说他们真正掌握了这种技能。

（5）态度。影响和调节学习者行动的内部状态。态度是指个体的内在状态，它会影响个体对事物或某些事情的心理倾向以及采取行动的选择。个体的态度是通过与他人相互作用的长期过程逐渐形成的，并且需要经过相当长的时间才能发生显著的变化。

加涅认为，不同类型的学习需要不同的学习条件。他将学习条件分为内部条件和外部条件。内部学习条件源于学习者的记忆，而外部学习条件作为教学的一个方面，需要精心安排。其中，内部条件又可细分为必要性条件与支持性条件，如表3-2所示。

表3-2　学习结果所对应的内部条件

学习结果类型	必要性条件	支持性条件
言语信息	已有的有组织的知识、编码策略	认知策略、态度、情境
智慧技能	较简单的组成成分智慧技能，如辨别、具体概念、规则	认知策略、言语信息、态度
认知策略	认知发展水平、心理能力等特殊的智慧技能	智慧技能、言语信息、态度
动作技能	技能的回忆、执行程序、操作规则	态度
态度	智慧技能、言语信息	其他态度、言语信息

值得注意的是，学习任务分析的基本原则不仅适用于智慧技能的学习，同样也适用于认知策略、动作技能、言语信息以及态度的学习。这些

分析的目的都是一致的，差别主要在于必要性条件和支持性条件的鉴别。[1]

2. 布卢姆的学习目标分类

认知领域教育目标分类的理论和方法在教育领域中的应用极为广泛。1956年，美国著名教育学家、心理学家本杰明·布卢姆主编的《教育目标分类学：第一分册 认知领域》正式出版。该作品作为教育目标分类学的标志性研究，为教育目标分类理论奠定了坚实的基础。它对美国学校教育目标的制定、课程设置以及教育评价的发展产生了深远的影响，最初主要应用于初等教育领域，随后逐渐扩展至高等教育阶段。[2]

布卢姆将认知领域的教育目标从简单到复杂进行分级，共分为六个层次，即知识、领会、运用、分析、综合和评价。每个层次下又细分为若干亚类，并对每一亚类进行了详细的解释和例证。这些目标分类的对象主要是学习者的行为，这些行为代表了教育过程所要达成的具体结果。其目的在于为评价学习者的学习结果提供明确的标准，从而指导教学与效果评价。最初的六个层次教育目标分类的释义如表3-3所示。

表3-3 布卢姆的认知领域教育目标的六个层次

类　　别	定　　义
知识	对具体事物和普遍原理的回忆，对方法和过程的回忆，或对一种模式、结构或框架的回忆
领会	领会是最低层次的理解，它指这样一种理解或领悟：个人不必把某种材料与其他材料联系起来，也不必弄清它的最充分的含义，便知道正在交流的是什么，并能够运用正在交流的这种材料或观念
运用	在某些特定的和具体的情境里使用抽象概念

1　加涅.教学设计原理[M].皮连生,庞维国,等译.上海:华东师范大学出版社,2018.

2　祝珣,马文静.布卢姆教育目标分类理论对大学英语阅读教学的启示[D].中国大学教育,2014.

续表

类　别	定　义
分析	将交流分解为各种组成要素或组成部分，以便弄清楚各种概念的有关层次，或者弄清楚所表达的各种观念之间的关系
综合	把各种要素和组成部分组合成一个整体
评价	基于特定标准，对材料和方法的价值进行判断，并对其符合准则的程度进行定量和定性的分析，从而做出合理的评价

目标分类学的广泛应用，使教育工作者能够系统地评价学习者的学习情况。同时，这也促使教育工作者反思并意识到，过去过于强调教育目标的最初级层次——"知识"，导致大量教学时间被用于这一层次，而较少关注更高层次的智力活动，如让学习者创造性地应用知识。

随着理论研究的进步，教育实践也随之转变与发展。教育者开始从关注教师的行为，转变为更加关注学习者通过这些行为实际学到的东西。他们通过观察学习者培训学习后展现的行为，来判断学习者是否达到了预定的学习结果。

3. 安德森的学习目标分类

随着教育领域研究成果的积累、认知心理学研究的深入发展以及建构主义的崛起，布卢姆教育目标分类学逐渐显现出其局限性。主要表现在其采用单一维度的认知过程对认知目标进行分类，将认知内容与认知过程相分离，这使得单一认知框架无法全面覆盖学习者复杂的学习行为。

1994年，安德森（L.W.Anderson）等人对布卢姆教育目标分类学进行了修订，并于2001年出版了《布卢姆教育目标分类学（修订版）》一书。该书标志着布卢姆教育目标分类学随着心理学理论的发展做出了新的改进。

安德森等人提出了教学目标的二维框架："知识"和"认知过程"。

其中，知识维度指的是对知识的分类，具体分为事实性知识、概念性知识、程序性知识和元认知知识四类，这一维度有助于教师明确教学内容。

在认知过程维度上，安德森等人延续了布卢姆原有的六个层次，但将原版中的"知识"改为"记忆"，保留了"领会""运用""分析""评价"层次，并增加了"创造"作为最高认知层次。这一维度很好地概括了学习者学习活动的表现形式，有助于教师掌握和拓宽促进迁移的其他几类目标。

在制定和评估旨在促进学习效果迁移的目标时，美国教育学家泰勒曾提出："陈述目标的最有用的形式是按行为类别和内容两个维度陈述，行为类别指意欲通过教学发展的学习者的行为类型；内容指被学习者的行为加以运作的教材内容。"[1]目标的陈述通常包括一个动词和一个名词的结合，其中"动词一般描述我们意欲实现的认知过程，名词一般描述预期学习者要学习或建构的知识"。在安德森的认知目标框架中，用"认知过程"代替了泰勒的"行为"，用"知识"代替了泰勒的"内容"。[2]

同时，泰勒还强调，对教育目标的陈述要足够清晰，以便指导对学习经验的选择和教学的设计。这需要同时指明要培养学习者的哪种行为和要在哪些内容或生活领域中运用该行为。[3]知识类型和认知过程并非互相独立、互相分离的，而是紧密联系的，在学习目标中不同类型的知识和认知过程具有整体的联系。

1　泰勒.课程与教学的基本原理[M].罗康,张阅,译.北京:中国轻工业出版社,2008.
2　安德森,等.布卢姆教育目标分类学(修订版) [M].皮连生,等译.上海:华东师范大学出版社,2008.
3　泰勒.课程与教学的基本原理[M].罗康,张阅,译.北京:中国轻工业出版社,2008.

4.罗伯特·梅格的教学目标分类

美国教育心理学家罗伯特·梅格（Robert Mager）的教学目标分类法，对世界教学设计理论与实践产生了深远的影响。罗伯特·梅格提出了一个包含三个基本要素的教学目标构建法：行为（Behavior）、条件（Condition）、标准（Degree），这些要素构成了他所倡导的"表现型学习目标"（Performance-Based Learning Objectives）的核心内容，详见表3-4。

表3-4　梅格教学目标的三要素

三要素	具体描述
行为	描述学习者在学习后应达到的具体行为表现，通常是可观察和可测量的
条件	说明学习者在何种情境或条件下完成这些行为
标准	规定行为完成的最低质量或水平，用于衡量学习目标是否达成

资料来源：R., Mager. New Mager Six-Pack (3rd Edition). Center for Effective Performance,1997.

梅格明确指出，学习目标旨在阐述"学习者通过特定学习经验所能达成的成果"，它关注的是学习者能够做什么，而非对课程材料或教师的单纯描述。这一定义规定了培训后学习者应达成的行为标准，通过明确学习目标，确保内容清晰、简洁，避免歧义，使培训更具方向性，进而提升绩效成果。这实际上体现了绩效改进的技术核心，梅格也因此开创了基于绩效的学习目标研究先河，成为国际绩效改进协会的创始人之一。

随后，ABCD法则进一步完善了教学目标的表述，增加了"受众"（Audience）这一要素。因此，ABCD法则的四个要素分别为：A（Audience）受众、B（Behavior）行为、C（Condition）条件、D（Degree）标准。该法则在企业培训课程设计、项目规划以及培训效果评估中均发挥着重要作用。

作为培训者，在制定培训目标时，应深刻理解梅格教学目标分类的内涵与意义。我们应尽量避免使用描述内部心理过程的动词，如"知道""理解""欣赏""记住"等，而应选择行为动词，如"背诵""解释""选择""写出"等，这些动词指向的是学习者可以执行、观察和验证的行为。行为目标的可观测性使得教学目标更加明确、外显。

在唐纳德·柯克帕特里克提出的柯氏四级评估模型中，行为改变与绩效改进是达成培训目标的关键。梅格的"三要素"为第三级评估提供了直接参考，使评估标准与培训目标紧密相连。因此，在制定工作岗位培训材料时，学习目标应明确员工在培训结束后需完成的任务，并且这些任务的成果应是可以测量、观察和验证的行为形式。

在课程体系中设定学习目标时，同样需要遵循教育目标分类的准则。深入理解不同教学目标分类的内涵、意义、应用价值及其作用，有助于在构建课程体系时正确设定学习目标，有效指导学习内容、学习方式等关键要素的设计，使学习路径规划更为科学合理，并为学习与培训后的效果评估提供明确指导。

三、混合式学习

快速发展的信息技术为传统教学方法的变革提供了加速器和催化剂，使得教与学的方式变得更加丰富、多元与灵活（见图3-5）。而混合式学习方式尤其有利于实现能力提升与培养的目标。关于混合式学习，国内外研究者从不同维度进行了阐释，其特点主要体现在将传统学习和在线学习的优势相结合，即结合面对面学习和计算机辅助在线学习。学习者一部分时间接受正规的教育课程，另一部分时间则自主控制学习时间、地点或进度等。这种学习方式既充分发挥了在线学习交互便捷、资源丰富的优势，又有效利用了教师的辅导、启发和协助作用。其目的在于优化学习效果和效率，激发和调动学习者的积极性、创造性，并培养学习者自主学习与探索研究的能力。

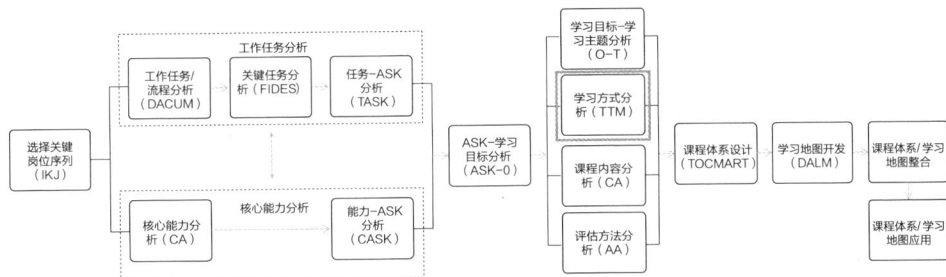

图3-5 混合式学习

构建学习地图、选择合适的学习方式，是学习过程中非常重要的环节。这既需要从学习目标出发，考虑培训对象、培训内容等的特殊性，也需要理解和兼顾不同学习方式本身的特点和适用性。接下来，本节将介绍一些常用的学习方式。

1. 课堂学习

课堂学习（Classroom Training，CT），又称面对面（Face-to-Face）学习，是目前应用最为广泛且传统的一种学习方式。在教室环境中，教师与学习者共同参与集体学习，分享知识与经验。课堂学习以教师为主导，专注于知识的传授。在培训过程中，学习者能够与教师及其他参训者实时互动，提出问题、参与应用练习，并获得即时反馈。这种面对面的教学模式不仅有助于学习者深入理解和掌握知识，还能通过互动和反馈机制增强学习效果。

在课堂学习中，教师是知识的传授者，主动地实施教学；而学习者则是知识的接收者，处于相对被动的地位。计算机、光盘、磁带、录像带等各种媒体主要用于呈现教学内容；教材通常是学习者获取知识的主要来源。

2. E-learning

E-learning一词由美国学者杰·克罗斯（Jay Cross）最先提出，并引起了广泛关注。它指的是通过互联网和信息技术进行学习的方式，这种学习方式打破了时间和空间的限制，使学习随时随地成为可能。[1]E-learning的内涵和外延广泛，包括网络教学、电子化自学、虚拟课堂、移动学习等，强调将数字化内容与网络资源相结合。

（1）网络教学（Web-based learning），是指通过现代网络提供远程和非同步的学习方式。非同步指的是教师授课与学习者学习时间的不同步。

（2）电子化自学（Self-directed E-learning），是指根据个人的学习进度或对学习主题的偏好进行自主学习的方式。学习媒介可以是网络，也可以是DVD/CD、录音机、MP3或者这些形式的结合。

（3）虚拟课堂（Virtual Classroom），是指为学习者提供一个模拟现场的学习环境。这种方式允许学习者与其他学习者或教师进行实时互动，不受地点限制。这种方式适用于较小的学习者群体。

（4）移动学习，是通过移动互联网设备/终端进行的学习方式。目前，微课是移动学习中较为普遍的学习方式之一，教师围绕某个知识点或技能点开展简短、完整的教学活动。微课多以视频、案例等作为授课载体，授课过程中合理运用移动互联网技术，以及动画、视频、手写板

1　齐振国,汪琼.E-Learning给我国高校教师带来的挑战[J].电化教育研究,2009(7).

（电子白板）和PPT等技术手段，并配套单独文件夹提供教学设计文本、多媒体教学课件等辅助材料。单课程时长通常在10分钟左右。当学习者数量多、地域分布广、集中学习时间有限时，微课能够更有针对性地发挥其优势。

3. 结构化在岗培训

企业培训与学习教育有所不同。鉴于培训对象多为工作环境中的员工，尤其是涉及一线操作或技术技能型岗位的员工，他们需要通过大量的实践锻炼和反复练习来深入掌握所需的专业知识与技能。此时，系统化、结构化的在岗训练便凸显出其显著的优势和价值。

在构建学习地图时，针对特定岗位群体，如强调应用、侧重操作的岗位人员，或需要通过岗位锻炼和实践历练以更好地促进受训对象对某些知识与技能的系统化掌握与巩固的岗位，这部分内容可以采用结构化在岗培训的方式。

不同的组织对其所实施的结构化在岗培训有不同的命名，如工作任务培训、伙伴式培训、在岗培训、岗位指导、导师制以及OJT等。美国伊利诺伊大学人力资源开发专家罗纳德·雅各布斯（Ronald L. Jacobs）教授首次明确区分了结构化在岗培训与非结构化在岗培训，并将其定义为"有经验的员工在工作场所或与工作场所近似的地点，有计划地对新员工进行培训，以培养其特定工作能力的过程"。[1]以下是结构化在岗培训的三种形式。

（1）在岗培训（On-the-job training，OJT），通常是工作岗位上的一

---

1 雅各布斯.结构化在岗培训:释放工作环境中员工的专业能力[M].胡丽,崔连斌,译.江苏:江苏人民出版社,2016.

对一培训方式，由经验丰富的同行或同事对员工正在进行的工作进行现场指导。这种培训可以由经理/主管、经验丰富的老员工或业务专家，甚至培训部门的员工提供。

（2）辅导（Coaching），通过教练与被辅导者之间的互动性提问、协作式目标设定、系统性观察、建设性意见反馈和积极主动的指导，来提高被辅导者的工作绩效。作为在岗培训的一种形式，辅导更多应用于中高级管理者的培训。

（3）导师制（Mentoring），是指在企业内设定导师，为新员工或经验欠缺的员工提供支持、鼓励，或提供信息和建议，以帮助他们获得胜任岗位的经验和能力。与辅导中的教练不同，导师制中的导师通常是所帮助领域的业务专家或明星员工，并与经验缺乏的员工建立起一种正式或非正式的师徒关系。

第四章

学习地图构建的
切入点

在企业人才梯队建设的过程中，学习地图的构建对企业培训的有效实施以及业务支持起到了关键作用。然而，由于企业内部业务模块繁杂、部门众多、岗位序列及岗位数量庞大，构建覆盖全岗位序列的学习地图无疑是一项艰巨的任务，需要耗费大量的时间、人力和资金。如何合理选择学习地图构建的切入点，成为企业培训管理者在推进学习地图构建时面临的首要难题。

在着手进行学习地图构建之前，我们首先需要清晰地了解企业内部的职位管理体系，这是确保学习地图构建能够精准对接企业需求、有效支持业务发展的基础。

第一节
认识职族、职类、职种、职位和岗位

一、基本概念

职族、职类、职种、职位和岗位是相对的概念，它们是对具有相似工作特征的职位进行的归类，如图4-1所示。

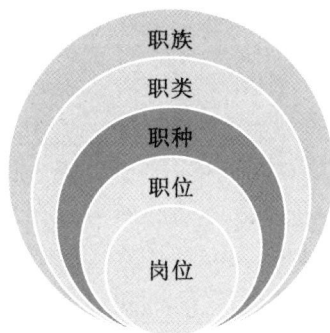

图4-1 职族、职类、职种、职位和岗位的关系

职族是指工作类别以及对企业目标的贡献方式具有相似性的岗位序列的集合，尽管其职责的繁简难易、轻重大小及所需资格条件可以不同。一般来说，企业的职族可以划分为三个主要类别：管理族、专业技术族和操作族。有些企业会对专业技术族进行更细致的划分，如技术族、营销族和

专业族。这种划分方式最终将职位细分为五个类别：管理族、技术族、营销族、专业族和操作族。典型的职族定义如表4-1所示。

表4-1　典型的职族定义

职　族	定　义
管理族	对组织经营与管理系统的高效运行和各项经营管理决策的正确性承担直接责任
技术族	对产品和技术在行业中的先进性和安全性承担直接责任
营销族	对产品品牌的认知度、忠诚度、美誉度，以及市场占有率和覆盖率承担直接责任
专业族	运用某项专业知识提供某种支持或服务，直接或间接为组织创造价值
操作族	对产品产量、质量、生产成本与交货期直接承担责任

资料来源：范金，景成芳，钱晓光．任职资格与员工能力管理（第二版)[M]．北京：人民邮电出版社,2011.

职类是指根据企业战略要求与业务模式，而形成的各种相关职种的集合。在同一职类中，要求任职者具备的能力和履行的功能相同或相似。

职种，又称岗位序列，是由同类职位分类归并而成的，这些职位在同一业务系统内承担相同业务板块的功能与责任。它们在工作中所投入的知识、技能等具有相似性，其业务活动性质与过程也相似，同时其产出结果（绩效标准）也具有相似性。

职位是指工作性质相同、工作内容相似的一系列岗位的归类。职位的存在是为了落实组织使命，是人与工作之间的桥梁。职位的设置应始终根据组织机构的目标和流程来确定，不能因人设岗，也不能因任职者调离而轻易舍弃该职位。职位是组织机构的基本单位。

岗位是指在特定的组织中，于一定时间和空间范围内，由员工所要完成的工作任务，以及与之对应的责任、权限和职务所组成的统一体。

很多人会混淆职位和岗位的概念。简单来说，职位是相同类别岗位的泛指和统称，而岗位则是职位中某个（或某几个）具体职责的专称。例如，在制造型企业的生产部门中，操作员是一个职位，这个职位可能由钻孔操作员、层压操作员、丝印操作员等岗位组成。不过，有时职位和岗位也存在通用的情况，这需要根据企业的实际情况来判断。

表4-2是某公司的职位体系表，可以直观地展示职族、职类、职种、职位之间的关系。

表4-2　某公司的职位体系表（部分）

职　族	职　类	职　种	职　位
专业族	人力资源	招聘配置	招聘专员、配置专员
		培训发展	培训发展专员、技能培训专员
		员工关系	综合、员工关系专员
		薪酬绩效	薪酬专员、绩效专员
	财务	费用管理	费用审核专员、出纳、经济工程师、费用报销专员
		国际结算	国际结算专员、融资专员
		销售结算	开票结算专员、销售结算专员、收款结算专员
		成本核算	材料核算专员、资产核算专员、材料价格核算专员
		财务分析	总账会计、税务专员、应付往来分析专员
	行政	文秘	办公室秘书、综合文秘
		行政	行政专员、综合文员、档案管理员
		IT 资产	IT 资产采购员、IT 资产管理员
		车辆管理	车辆调度员、车辆管理员

二、不同维度构建学习地图的优劣势分析

在与国内外多家企业合作推进学习地图项目的过程中，我们发现企业对学习地图的应用需求呈现出多样化的特点。一些企业更侧重于学习地图

的覆盖范围，希望它能覆盖到尽可能多的员工，从而更有效地利用培训资源；而另一些企业更关注学习地图的精准度，期望它能系统全面地提升员工的胜任技能，并与员工的任职资格、职业发展路径相契合。

因此，企业在决定如何构建学习地图时，应充分考虑自身的实际情况及未来的应用场景。表4-3列举了不同维度构建学习地图的优劣势，供企业在选择时参考。

表4-3　不同维度构建学习地图的优劣势

学习地图构建维度	优　势	劣　势	推荐指数
职族	无法构建		
职类	覆盖范围广	精准度弱	***
职种	精准度较强 能够体现能力成长匹配职业成长路径	覆盖范围较窄	*****
职位（或岗位）	精准度强	覆盖范围窄 不能体现能力成长匹配职业成长路径	****

在明确学习地图的构建维度后，紧接着会面临的关键决策点是：如何选择首批进行学习地图构建的人群？接下来，我们将对此进行详细说明。

第二节
选择目标群体

一、选择目标群体的五个维度

在确定企业构建学习地图的优先顺序时，我们通常从四个维度进行选择。

1. 岗位重要性

我们优先选择与企业战略目标契合度高（即高层重视）或技术复杂度高的岗位作为关键岗位。例如，与我们合作的一家通信行业客户，因战略转型急需大量大数据岗位人才，因此大数据岗位无疑成为我们选择构建学习地图的关键岗位。

2. 业务优先

对于对企业业绩支持力度大、前端业务优先的岗位，我们也会优先考虑。例如，许多营销型企业会将销售岗位序列作为关键岗位，优先进行学习地图的构建，因为销售岗位对企业的业绩支撑力度非常大。

3. 员工人数

通常，员工人数越多的岗位，学习地图的覆盖范围越广，其价值也就越大。例如，在为一家物流公司构建学习地图时，该公司共有40多万人，其中客服代表就有1万多人。针对这1万多人构建学习地图能充分体现规模效应，因此客服代表成为该企业选择构建学习地图的关键人群。

4. 新增员工数量

学习地图对新员工的价值最为显著。当新增员工数量较多时，我们可以严格按照学习地图的规划实施培训和学习。

以上内容是从培训专业的角度为大家提供的建议。在实际操作过程中，我们也可以从企业的角度出发，运用其他维度进行判断。例如，许多企业会根据现有的课程资源或学习资源进行判断，这同样是一个可行的判断维度。

二、目标群体优先排序

在选定上述维度后，我们需要邀请企业的高层领导根据各维度的重要程度进行1~5分的打分，并据此进行优先级排序。

以一家培训公司为例，该公司目前拥有4000多名员工。经过前期调研，决定以岗位序列为单位来构建学习地图。在选择关键岗位序列时，该公司的培训管理者邀请了高层领导对现有的岗位序列进行了打分，具体结果详见表4-4。

表4-4　某培训公司学习地图构建优先级排序

岗位序列	员工人数			新增员工数量			对公司业绩的支持力度		高层的重视度		优先级	
	数量	人数级别	权重	数量	新增员工级别	权重	力度大小	权重	重视度大小	权重	分值（＝人数级别×权重＋新增员工级别×权重＋力度大小×权重＋重视度大小×权重）	排序
财务	300	2	2	50	1	1	4	2	5	2	23	3
讲师	500	3	2	100	2	1	4	2	5	2	26	2
学习顾问（销售）	2000	5	2	600	5	1	5	2	5	2	35	1
客服代表	200	1	2	80	2	1	3	2	4	2	18	4

这里需要强调的是，权重是指对四个维度（员工人数、新增员工数量、对公司业绩的支持力度、高层的重视度）的相对重要性进行比较打分。例如，表4-4中这四个维度的权重比例是2∶1∶2∶2，这表明该公司对各岗位序列的新增员工数量相对而言并不是非常重视。

在某一维度下，是对各岗位序列之间的相对重要性进行比较打分。以员工人数为例，财务岗位有300人，被打分为2分；讲师岗位有500人，被打分为3分；学习顾问（销售）岗位有2000人，被打分为5分；而客服代表岗位有200人，被打分为1分。

最终，我们根据相应的公式计算得出各个岗位序列的优先级得分。从

表4-4可以看出，该公司最关键且重要的岗位序列是学习顾问（销售），其次是讲师和财务，最后是客服代表。

三、不同人群学习地图构建的实践建议

在筛选出关键岗位后，如何构建学习地图也是一项重要的考量。安迪曼咨询通过多年的学习地图构建项目实践，总结出不同人群选择学习地图构建方式应遵循的原则：

（1）岗位人数多则学习地图精细化，岗位人数少则学习地图粗略化。在企业中，对于人员数量多的岗位，通常会进行系统性培养；而人员数量少的岗位，则可能采用较为粗放、非系统性的培养方式，如岗位带教、自学、外部学习等。

（2）高层学习地图粗略化，中基层学习地图精细化。中基层人员的学习发展需求多样且共性明显，适合进行群体性的、系统性培训，如集中面授、行动学习等。而高层人员对主题课程学习依赖较少，其培养需求更加个性化，通常会选择标杆参访学习、工作坊研讨、私董会等方式来拓宽视野、改变思维、提升能力，因此其学习地图宜粗不宜细。

（3）岗位稳定阶段学习地图精细化，岗位起步阶段学习地图粗略化。成熟稳定的岗位拥有丰富的业务经验沉淀，且学习地图构建后变动较少，适用时限较长。而处于起步阶段的岗位可能面临较大的不确定性，因此学习地图的构建也宜粗不宜细。

以上方法和思路可供参考，有助于逻辑清晰地选出关键岗位，并通过这种方式说服高层，让他们采纳推荐的岗位进行课程体系的构建。

　　选择不同的学习地图构建切入维度，将导致所构建的学习地图在颗粒度、培养课程数量、课程框架详细度以及后续应用等方面有所不同。接下来，我们将通过几个实际案例，从不同的切入维度为大家提供更多的实践思考。

第三节
不同切入点构建学习地图的实践案例

一、围绕关键岗位构建学习地图（以 A 公司为例）

A公司是国内领先的互联网公司。前期的岗位调研显示，产品操盘经理是该公司业务发展与产品运营中的核心岗位。该岗位难度高、复杂性强，知识密集度高，主要聚焦于市场感知、市场预测、友商打法的分析与应对以及内部资源整合等方面。然而，当前该岗位在公司内部的人员梯队存在严重的"断档"现象，无论从数量还是质量上，均难以支撑公司业务的进一步发展。

基于此，A公司企业大学计划成立专项小组，期望在1至1.5年的时间内为公司培养出30名产品操盘经理。结合企业的实际需求，最终决定以岗位为切入点，为产品操盘经理构建学习地图并开发相应的培养课程。

围绕关键岗位构建学习地图的特点在于能够深入挖掘岗位细节，全面梳理出该岗位履行职责和完成工作任务所需掌握的知识与技能点，同时涵盖基于战略和业务需求的能力项。最终，这将形成产品操盘经理从新手到熟手的完整学习成长路径。

二、选择关键岗位序列构建学习地图（以 B 公司为例）

B公司作为航空行业的领先企业，随着战略要求的调整，公司扩张迅速，机队规模逐年扩大。经过与该公司培训部人员的多次沟通与交流，我们了解到公司乘务人员总数约为1.4万人，其中42.3%是近三年入职的新员工，构成了一个庞大的群体。客舱部空乘人员的服务态度和质量直接影响整个公司的形象和信誉，因此，高素质、高质量的乘务岗位序列是该公司人才发展战略中的关键一环。

基于上述情况，该公司决定以乘务岗位序列为切入点，构建从普通舱乘务员、两舱乘务员、见习乘务长、乘务长到主任乘务长的整体发展通道上各阶段的学习培养体系。

选择关键岗位序列构建学习地图，可以实现职业生涯发展规划、岗位任职资格体系、学习发展路径规划的"三线"协同。其价值体现在：

（1）员工职业发展方向与岗位任职资格要求能够同步协同，确保员工职业发展的明确性和针对性。

（2）岗位任职资格要求与学习发展路径规划能够达到成本最小化、价值最大化的效果，提高人才培养的效率和效果。

（3）人才队伍培养工作能够兼顾组织战略层面、业务结果层面、个人发展层面的多层次、多维度需求，确保人才培养与公司整体发展目标的紧密结合。

三、针对关键业务流程构建学习地图（以 C 公司为例）

C公司是中国家居行业的领军企业，其岗位分类多样化，旨在覆盖更广泛的人员群体以构建学习地图。在与培训负责人的深入沟通中，我们了解到该公司的岗位主要依据业务流程划分，其中供应链是岗位覆盖最广且至关重要的一个环节。

前期的利益相关方调研显示，供应链管理中计划序列共有约200人，涵盖销售计划、SOP（标准运营流程）计划、主计划、采购计划、加工计划、制造计划等多个方面，整个计划序列的链条非常长，几乎覆盖了供应链管理的全部流程。其中，制造计划和加工计划占据了总人数的60%，而其他岗位虽然人数不多，但在整个供应链条中同样具有关键作用。这些岗位的工作内容差异显著，所需学习的内容也各不相同。然而，考虑到覆盖范围、成本投入以及后期的落地应用，我们不建议按照单个岗位去构建学习地图。

因此，我们建议以供应链流程为切入点，基于计划序列去构建整个供应链的全流程学习地图。这种方式能够充分考虑到工作流程上的紧密协同性，确保完整业务流程上各岗位人员都能得到相应的培养与训练。

此外，针对关键业务流程构建学习地图也可用于某个功能板块的课程体系梳理。例如，在企业中的销售、营销、研发，或集团性多元化企业中的能源、教育、快消、房地产等，这些复杂且自成一体的功能板块包含多个岗位、岗位序列和工作流程，各个工作流程可能涉及跨团队、跨部门、跨功能板块的协作。采用此方式能够充分考虑工作协同的经常性和多元化，使学习主题更具灵活性和自适应性。

四、选择部门构建学习地图（以 D 公司为例）

D公司是国内知名的打印机制造企业。近年来，该公司在运营过程中已建立了各部门各岗位的学习课程安排表，这些课程安排在当前的培训实施过程中，确实为公司员工的能力提升与发展做出了贡献。然而，目前的课程安排存在一定的随机性，课程内容也显得较为随意。随着外部学习方式与学习工具的不断更新换代，尤其是互联网技术的快速发展，现有的培训内容及方式亟待改善。

在与D公司培训负责人的沟通中了解到，公司当年的战略方向以及高层管理者最为关注的是生产制造体系。他们希望以生产制造体系中的某部门为项目主体，基于对该部门工作任务的梳理与分析，辅导该部门完成全部生产制造岗位层级的专业类课程体系建设。这些课程必须紧密结合实际工作场景，内容既不能重叠，也不能有缺失。在此基础上，需要为部门建立学习地图，并根据岗位需求从整个部门的学习地图中"裁剪"出各岗位所需的学习地图。

五、建设全岗位序列的学习地图（以 E 公司为例）

E公司是国内知名的金融科技企业，目前拥有员工5000人，并预计在未来一两年内扩张至10000人。其中，90%的员工从事软件开发工作，剩余的10%则分布在业务部门和职能部门。目前，公司内部横向设置了17个一级岗位序列，涵盖了24个具体岗位。

E公司的企业大学校长与我们取得联系，希望我们能根据该公司内部的组织情况、岗位序列设计以及现有的培训状况，助力公司人才发展战略的实施。具体而言，他们希望以学习地图的构建为工作突破口，全面梳理内部知识结构，构建一套覆盖全岗位序列的学习地图。

结合E公司的项目需求，我们采用了文档分析、问卷调研、访谈和对标研究的方法，对公司各岗位从重要度、业务贡献度、人数、稳定度等多个维度进行了深入分析。最终，我们决定以岗位为切入点，根据不同岗位的实际情况和条件，采用三种模式来构建横向覆盖各岗位序列、纵向覆盖各职级的全岗位序列学习地图。具体的划分情况如图4-2所示。

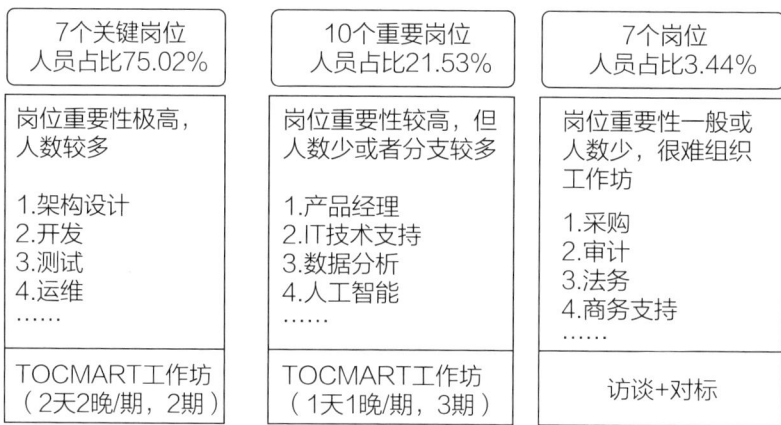

7个关键岗位 人员占比75.02%	10个重要岗位 人员占比21.53%	7个岗位 人员占比3.44%
岗位重要性极高， 人数较多 1.架构设计 2.开发 3.测试 4.运维 ……	岗位重要性较高，但 人数少或者分支较多 1.产品经理 2.IT技术支持 3.数据分析 4.人工智能 ……	岗位重要性一般或 人数少，很难组织 工作坊 1.采购 2.审计 3.法务 4.商务支持 ……
TOCMART工作坊 （2天2晚/期，2期）	TOCMART工作坊 （1天1晚/期，3期）	访谈+对标

图4-2　E公司不同岗位学习地图构建方式选择

我们充分考虑每个岗位的当前状况和未来培养方向，为不同岗位量身定制了不同的学习地图构建方式，以确保学习地图能覆盖99%的员工，其中核心岗位人员占比高达75.02%。这三种不同方式的主要区别在于：培养颗粒度的分层级不同，培养课程数量不同，培养课程框架的详细程度不同。

除了E公司这种以岗位为单位切入，通过不同构建方法区分的方式外，我们还可采用将岗位和岗位序列结合，或者将岗位序列和部门结合的方式，来构建全岗位序列学习地图。无论选择哪种方式，其最终目的都是希望优化资源配置，让有限的培训资源覆盖更广泛的人群。《2020—2021年培训行业研究报告》的数据显示，仅有12.2%的企业在2019年完成了全员课程体系建设。因此，当我们开始考虑并行动时，我们已经走在了大多数企业的前列。

　　在确定了构建学习地图的目标群体后，我们需要对目标群体的性质进行判断。如果目标群体主要是专业技术类或操作类人员，我们建议采用工作任务分析方法来构建学习地图；如果目标群体以通用管理类人员为主，则建议以核心能力分析为主要方法来构建学习地图。接下来，我们将详细介绍这两种方法的具体应用场景。

第五章

工作任务分析

　　工作任务分析是指明确某项工作的具体任务组成、架构以及具体步骤，同时深入剖析工作任务的性质及其影响因素的过程。确定工作的具体任务组成，即详细列出组成该工作的所有任务及子任务；确定工作架构，旨在厘清上述分解得到的任务及子任务之间的关联；而确定具体步骤，则是对任务及子任务进行更细致的拆解，以细化工作流程。通过分析工作任务的性质，我们可以达到节省资源成本的效果；而对影响因素的深入分析，则有助于我们及时发现存在的问题与瓶颈，为制订解决方案创造有利条件。

　　为了确保学习项目能够取得预期效果，工作任务分析是不可或缺的前提和基础。选择何种工作任务分析方法，需要根据工作任务的特点、数据收集的可操作性以及任务分析的目标来综合考虑。常见的工作任务分析方法包括DACUM工作任务分析、WBS工作任务分析、关键事件分析、敏捷工作任务分析、典型职业工作任务分析等。接下来，我们将逐一介绍这五种工作任务分析方法的实施过程。

第一节
DACUM工作任务分析

一、什么是 DACUM 工作任务分析

DACUM，即Developing A CurriculUM的缩写，是目前全球范围内广受欢迎且有效的工作分析方法之一。这种方法已经发展了近60年，并在20世纪60年代的美国由俄亥俄州立大学进行了完善和推广。

DACUM工作任务分析的使用者广泛，包括美国500强企业、政府、军方以及学校教育工作者。该方法主要用于岗位分析（分析岗位的职责和工作流程）、职业分析（划分职位的层级）、流程分析、职能分析（评估部门中各岗位工作任务衔接的流畅性）、理念分析（梳理新设岗位的工作内容），具体详见表5-1。

表5-1　DACUM 工作任务分析的主要应用

用　　途	特　　点	使用者
• 岗位分析	• 富有成效	• 企业
• 职业分析	• 快捷	• 政府、军方
• 流程分析	• 低成本	• 学校教育工作者
• 职能分析		
• 理念分析		

二、如何使用 DACUM 工作任务分析

DACUM工作任务分析主要通过工作坊形式开展，具有敏捷、高效和低成本的特点。通过采用DACUM工作任务分析，仅需1~2天即可完成传统方法需6周（约1.5个月）才能达成的分析成果。在系统化的分析框架引导下，业务专家通过多轮头脑风暴、互动研讨，最终达成共识，萃取出组织的最佳经验。以下是具体实施步骤。

1. 选择业务专家

在正式开展DACUM工作任务分析之前，需要根据项目范围的大小组建一支专家小组。专家小组中的关键角色包括：

（1）一位经过专业训练的工作任务分析引导师。引导师在任务中起着核心作用，需要对工作任务分析的理论、流程有深入了解，并熟练掌握操作技巧，能够激励并引导参与者就核心问题展开讨论，达成共识。在整个过程中，引导师需要保持中立、公正、客观的态度，进行有效引导。

（2）6~8位岗位绩优专家。这些专家是工作任务分析的主体，其水平直接影响分析成果的质量。首先，他们需要具备岗位代表性，且具有丰富的工作经验，以确保对岗位有充分的认知，并提供深刻的见解。其次，他们应具备较强的逻辑思维能力，擅长结构化思考和表达。此外，专家人选还需具备较强的表达能力，善于与他人进行充分的研讨。同时，专家人选应具有高度的专业性，绩效优异且表现稳定，能够全程参与工作任务分析。因为整个分析过程环环相扣，任何环节的缺失都可能影响后续工作的开展。

（3）1~2位岗位直属上级领导。他们的参与有助于使工作任务分析结

果更为全面。一方面，他们可以对岗位优秀代表的建议进行查漏补缺；另一方面，他们可以对本岗位的工作提出更高的期望和要求，从而优化岗位工作任务分析成果。

工作任务分析业务专家的甄选标准详见表5-2。

表5-2　工作任务分析业务专家的甄选标准

选派专家 人数分布	• 6~8 位绩优业绩专家，若构建分层级学习地图，则每个层级都应覆盖 • 1~2 位直属上级领导
业务专家 选择标准	• 业绩表现优秀 • 来自不同区域 / 产品线，具有区域 / 产品线代表性 • 在本岗位上工作两年及以上（根据实际情况） • 善于表达且表达逻辑清晰 • 适当考虑男女比例 • 能全勤参与工作任务分析各阶段

工作任务分析中的业务专家不仅对工作任务分析成果具有决定性作用，同时也影响着后续课程体系和学习地图的构建。若分析成果与实际存在偏差，可能会导致构建的学习地图无法满足实际岗位需求。因此，依据工作任务分析的目的并结合业务专家的甄选标准来选择业务专家显得尤为重要。

2. 进行工作任务分析

（1）向专家小组介绍DACUM工作任务分析的基本情况及流程。首先，引导师将解释DACUM工作任务分析的含义及其核心理念，阐述专家小组和引导师的职责，并向专家小组展示该方法的图表示例，说明该方法工作坊的预期产出。最后，引导师将详细解释该方法的流程步骤，以及参与者应遵守的纪律和准则。

（2）从整体上审查待分析的工作。这一阶段包含三个主要部分：

第一，对整项工作进行头脑风暴。引导师引导专家小组描述其工作内容，不涉及具体职责，而是让他们对自身所从事的工作进行整体描述。例如，可以询问他们："您通常做些什么？"或"您还负责哪些其他任务？"此类提问有助于引导师从专家小组处获取有价值的信息，更深入地了解其工作内容，并为后续职责的确定提供基础数据。

第二，找出并确定各项职责。引导师将引导专家小组成员明确各自的具体职责，并在卡片上编写职责描述，随后将这些卡片按一定顺序垂直贴于墙上。

第三，找出并确定完成每项职责所需的工作任务。按照职责的先后顺序，对每项职责进行深入分析。通过头脑风暴的方式，罗列出优秀员工为完成某项职责所必须执行的具体任务。此阶段可能需要较长时间，每位参与者都需保持耐心和专注。

（3）列出完成工作所需的其他要素。这包括员工完成该工作所需掌握的知识和技能，所需的工具、设备、物资供应和材料，以及未来可能的发展趋势和关注点等。

最后，将收集到的所有信息整理成一份图表，清晰、直观地展示岗位或部门的职责、任务及其相互关系，如图5-1所示。

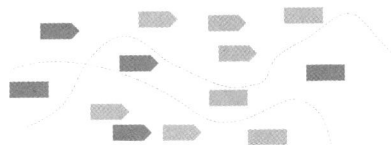

DACUM 分析法梳理前：
工作职责、流程模糊

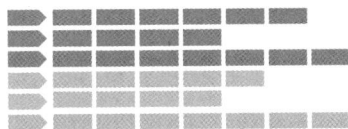

DACUM 分析法梳理后：
工作职责、任务清晰明确，流程合理、
可操作

图5-1　DACUM工作任务分析梳理前、后对比

3. 工作任务优先级

工作任务优先级是一种基于群策群力、准确客观评价工作职责和工作任务的评分方法。为何需要确定工作任务优先级？原因在于并非所有工作任务都需要企业投入培训资源，关键在于识别出那些需要企业匹配培训资源的关键任务。确定工作任务优先级有三个主要维度：

- F（Frequency）代表频繁度。通常，频繁度越高的工作任务，企业越需要员工接受训练，以避免潜在的错误。
- I（Importance）代表重要性。它衡量的是对业绩表现的影响程度。一般而言，重要性越高的任务，企业需要提供的资源和训练要求也越高。
- D（Difficulty of Self-Learning）代表自学困难度。自学困难度越高的任务，企业越倾向于通过培训来训练员工。

工作任务优先级的计算是基于频繁度、重要性和自学困难度的总和。三个维度的默认权重为1:1:1，但企业可根据需要调整权重，如2:3:5。确定优先级时，专家需要先对工作职责和工作任务的 F、I、D 进行1~5的评分。评分时，无论是工作职责还是工作任务，都应采用对标评分的方式，即每个工作职责或任务都与本岗位下的其他职责或任务进行比较评分。例如，在评估频繁度时，先找出所有工作职责或任务中频繁度最高的，赋予其5分，其他职责或任务则与之进行比较评分。

当专家评分出现不一致时，通常取平均值作为最终评分，评分的最小颗粒度为 0.5分。通常，三个维度的总分为9分及以上的工作任务被视为关键任务，是企业需要重点进行培训的。

4. 工作质量标准分析

工作质量标准用于界定工作任务完成的质量，判断任务是否完成、完成的程度以及达到的标准，并据此设定未来工作质量评价的依据。这些标准在学习地图构建过程中，为设计学习目标提供了重要参考。工作质量标准应符合 SMART 原则：

- S（Specific）代表具体的。工作质量标准必须具体明确，避免笼统模糊。
- M（Measurable）代表可衡量的。工作质量标准必须是可以衡量的，如采用可量化的指标。
- A（Achievable）代表可达到的。标准设置应合理，避免过高或过低，确保员工能够达到。
- R（Relevant）代表相关性。工作质量标准必须与工作任务紧密相关，确保所需资源及工具的合理性。
- T（Time-bound）代表有截止期限的。工作质量标准应设有明确的完成期限，以确保工作的及时性。

在设定工作质量标准时，应以定量指标为主、定性指标为辅，重点设置结果指标。定量指标主要用于通过量化的方式，客观判断任务是否完成、完成的程度及标准，减少评价者主观因素的影响；而定性指标用于描述完成工作任务期望达成的结果或目的，以及判断任务完成质量的标准。

三、DACUM 工作任务分析的主要产出成果

DACUM工作任务分析的主要产出成果包括准确、清晰地描述工作职责和任务、关键步骤、通用的知识和技能、所需工具和资源，以及未来的趋势和关注点等，详见图5-2。

图5-2　DACUM工作任务分析的主要产出成果

为何需要明确工具、设备和资源？因为在后续的学习地图中，我们需要指导学习者如何为了完成特定工作而选择和使用合适的工具、设备和资源。此外，在梳理工作职责时，除了关注当前的核心职责和任务，还需要预见性地考虑未来工作的潜在趋势和关注点。这些未来的趋势和关注点不仅为课程体系提供了重要的培训主题，也为教学提供了有力的参考依据。

DACUM工作任务分析的梳理实质上是对岗位进行了全面而深入的扫描。所有的职责和任务都经过精心排列，确保没有重叠和遗漏，并按照时间顺序或重要性进行了有序的排列。通常，一个岗位可以拆分为6~12个工作职责，但一般不会超过17个。产品经理岗职责与任务关系如图5-3所示。

左侧第一列列出了岗位下的所有职责，右侧则逐一排列了该职责下的每一个工作任务。每个职责下的工作任务均按照时间先后顺序进行排列，若无明确的时间顺序，则依照重要性先后顺序展开。由于岗位的职责与任务是由资深的业务专家共同确定的，因此这些成果往往能够轻易获得利益相关方的认可与支持。

工作职责	工作任务							
A 洞察市场机会	A-1 分析宏观经济与政策	A-2 分析目标行业及细分市场	A-3 分析技术发展及趋势	A-4 分析同行	A-5 分析典型客户	A-6 自身SOWT分析	A-7 输出市场洞察报告	
B 制定产品商业模式	B-1 确定产品定位及目标	B-2 设计产品理念	B-3 确定业务架构/技术架构	B-4 设计产品组合策略	B-5 制定产品发展策略	B-6 配置资源方案	B-7 损益设计及测算	B-8 输出产品商业模式报告
C 输出年度产品规划	C-1 产品经营回顾	C-2 市场及客户分析	C-3 差距分析	C-4 明确产品发展及创新策略	C-5 研发里程碑计划	C-6 制定产品经营策略	C-7 组织保障设计	C-8 输出年度规划报告
D 组织产品规划设计	D-1 设计业务场景	D-2 输出产品架构	D-3 输出核心原型	D-4 输出概要需求	D-5 组织规划评审	D-6 修订及输出专题规划报告		
E 管理产品研发过程	E-1 制订研发项目计划	E-2 制定项目规范	E-3 跟进研发进度	E-4 管控项目风险	E-5 评审研发成果	E-6 保障产品交付	E-7 输出项目报告	
F 组织产品发布	F-1 准备产品发布资料	F-2 制定报价发文	F-3 发版评审	F-4 组织产品上架测试	F5 召开产品发布会			
G 组织产品推广	G-1 明确品牌定位	G-2 制定渠道推广策略	G-3 制订推广计划	G-4 设计推广物料	G-5 组织资源配置	G-6 参与推广活动	G-7 分析推广效果	
	H-1	H-2	H-3	H-4	H-5			

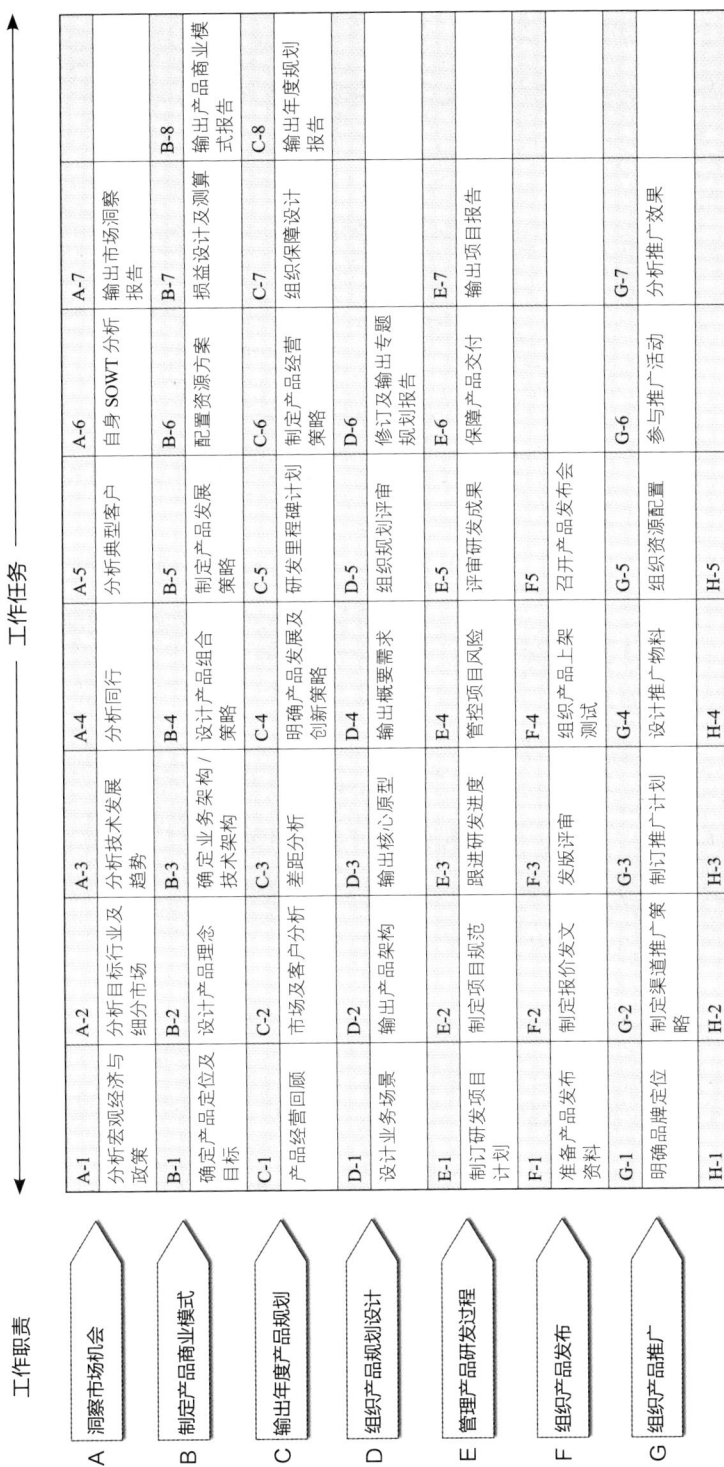

图5-3 DACUM工作任务分析——职责与任务关系（产品经理岗）

除了工作职责和工作任务，DACUM工作任务分析还会产出工作步骤、工作质量标准等成果。建议将这些成果录入Excel表格，以便更好地整理与查阅。表单样例可参考表5-3。

表5-3　DACUM 工作任务分析——KSA 分析表

职责	工作任务	频繁度（F）	重要性(I)	自学困难度(D)	优先级（F+I+D）	关键步骤	工作质量标准	知识	技能	关键历练	自学读物
A	A-1										
	A-2										
	A-3										

DACUM工作任务分析的产出成果具有广泛的应用价值，不仅可作为学习地图构建的基石，还能在管理层决策和人力资源管理等领域发挥重要作用。

（1）为管理层决策提供参考依据。

- 工作流程梳理与优化，剔除重复或冗赘的内容。
- 创建标准运营流程，以满足质量认证标准。
- 组织架构、岗位层级设置及优化。

（2）为人力资源管理工作提供内容支持

- 开发或更新岗位说明书。
- 为薪酬标准的制定提供依据。
- 为绩效考核标准的设定提供参考。
- 为员工招聘提供具体需求与标准。
- 为员工晋升/奖励制度提供明确的衡量标准。

第二节
WBS工作任务分析

一、什么是WBS工作任务分析

　　WBS这三个字母分别代表工作（Work），指的是能够产生结果的工作任务；分解（Breakdown），是一种逐步细分和分类的层级结构；结构（Structure），意味着按照一定的模式组织各部分，结构化的目的在于确保用最少的时间、花费最低的成本来完成工作任务。因此，WBS指的是将可以产生结果的工作任务进行结构化的层级分解，如图5-4所示。

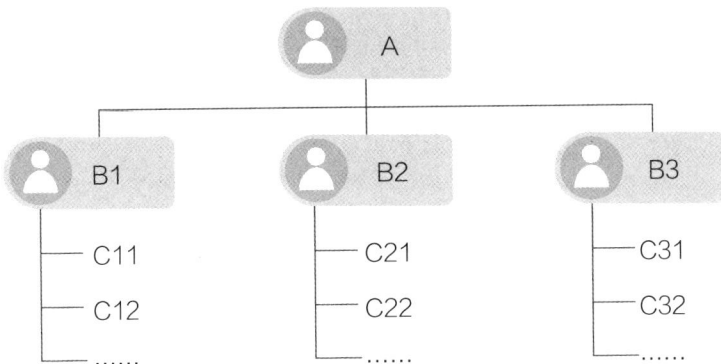

图5-4　WBS工作任务分析

WBS（工作分解结构）这一概念最初是在20世纪60年代初由美国国防部和航天局联合开发的，它是一种在世界范围内广泛应用的任务分解工具。采用WBS进行工作任务分析具有以下优点：

- 可以清晰地梳理整个工作结构，从而全面了解工作的全貌；
- 通过分析每个节点，可以统筹整个工作任务所需的人力、时间和成本；
- 细分工作任务范围，为各项任务划清明确的界限。

二、如何使用 WBS 工作任务分析

WBS包含四个关键环节：目标、任务、工作、活动。目标必须清晰明确，且需以实际需求为导向，确保目标有充分依据，避免模糊不清或过于宽泛；任务则围绕目标的达成来确定；工作，即通常所说的工作包，可进一步分解为活动，这是分解的最后一层。具体步骤如下：

（1）识别岗位工作主要部分。按照岗位工作的先后顺序、主要产出成果等进行划分。

（2）判断分解是否合理。在已完成的WBS基础上，判断工作包是否能快速、方便地估算出费用、时间以及合理分配责任。如果满足条件，进入第4步；否则，进入第3步。

（3）向下继续分解。在现有的WBS基础上继续向下分解，一般分解至每个工作包的完成时间在80小时左右较为适宜。分解完成后，再次进入第2步，判断分解是否合理。

（4）检查。检查分解后的工作包是否必要、完整，无遗漏。若无误，

则撰写范围说明书。

在分解过程中，应进行充分的自上而下与自下而上的沟通，并遵循 MECE原则（相互独立、完全穷尽），确保分类不重叠、不遗漏。每个任务原则上应分解至无法再细分为止，最底层的任务活动可直接分配给个人完成。

三、WBS工作任务分析的主要产出成果

通过WBS工作任务分析，我们可以得到完成项目所需的工作清单，从而明确界定项目的工作范围。这一分析过程旨在将项目所需执行的所有工作清晰地展现出来，确保不会遗漏任何重要事项。这样有利于将工作具体落实到责任部门或个人，进一步界定各自的职责和权限，同时也为项目团队内外的沟通提供了便利。此外，通过WBS工作任务分析，项目团队成员能够更清晰地理解工作的性质和目标，从而明确努力的方向。以某互联网公司为例，其WBS工作任务分析成果如图5-5所示。

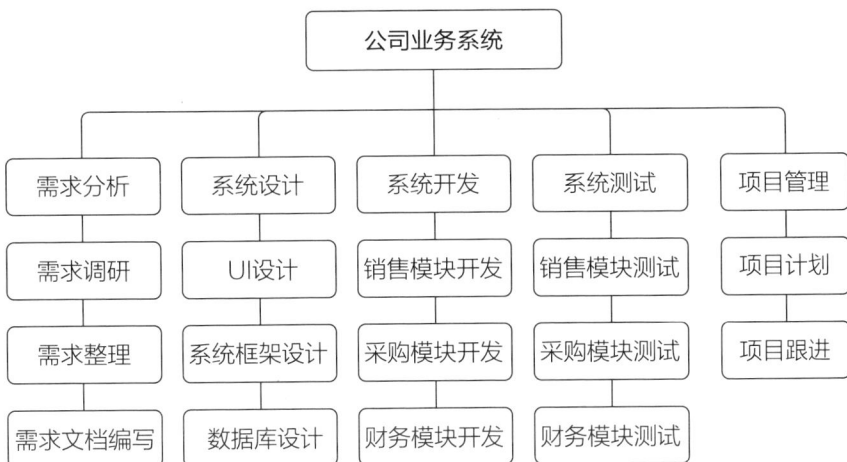

图5-5　某互联网公司WBS工作任务分析成果

第三节
关键事件分析

一、什么是关键事件分析

关键事件分析（Critical Incident Method，CIM）是指分析人员对员工的工作过程和行为进行细致观察，并将其详细记录下来进行分析，以明确关键的工作任务及其绩效维度。在运用关键事件分析时，其目的在于确定最为重要的工作任务。

在采用此方法进行岗位分析时，需要注意以下几点[1]：

（1）实施关键事件分析时，应确保观察时间足够长。

（2）在使用关键事件分析进行岗位分析时，所选择的事件或活动的数量应能充分反映问题的实质。

（3）在运用关键事件分析的过程中，应始终秉持客观公正的态度。

1　陈庆.岗位分析与岗位评价(第2版)[M].北京:机械工业出版社,2011.

二、如何使用关键事件分析 [1]

1. 收集关键事件

关键事件分析主要基于数据收集的方法，其中两种主要方法是问卷调研和访谈。若采用问卷调研，务必预留足够的空间来记录有效和无效的事件，并确保问卷调研过程匿名进行。若选择访谈方法，在确定能够提供不同观点的被访者后，需与其协商安排访谈时间，并向其保证访谈的匿名性。在访谈开始前，应预先设计有针对性的访谈问题（见表5-4）。研究表明，结构化访谈（即使用预先设计好的问题对被访者进行提问）往往能够产生更为一致、有用的结果。

表5-4　收集有效的关键事件的问题范例

1. 描述一个你所记得的可以作为＿＿＿＿有效操作＿＿＿＿的例子。

2. 导致该事件发生的环境和原因是什么？

3. 请确切地告诉我：在当时所做的哪件事是非常有效的？

4. 这一事件对你的部门或者企业的整体目标产生了什么样的影响？

5. ＿＿＿＿的工作岗位是什么？（可选）

6. 他在这个岗位上工作了多长时间？

2. 把收集到的关键事件简缩为行为描述

关键事件往往包含背景和态度方面的信息，因此，我们需要将其简缩为有用的胜任力描述，以便后续分析。要实现这一点，分析人员需要将行

1　王楠,崔连斌,刘洪沛.学习设计[M].北京:北京大学出版社,2013.

为、条件、结果（或产出）与操作者分离，确保操作者为真正执行待分析工作任务的人员。之后，可编写类似这样的描述：基于_____的条件，操作者能够_____，并带来以下结果或产出。这种描述既可用于胜任力描述，也可用于工作任务优先级的分析。

3. 组织和整理胜任力描述

此部分包含三个步骤：首先，为待描述的事件选择一个合适的参照系，例如，是管理类描述，还是辅助操作者更好地完成工作任务的工具。其次，选择一组标题，将事件按类别进行分类。最后，确定各类事件对于待分析工作任务的重要程度，具体的排列方法取决于分析的目的。

第四节

敏捷工作任务分析

一、什么敏捷工作任务分析

　　敏捷工作任务分析是安迪曼咨询基于多年在中美两国的课程体系构建实践经验和科学研究，总结提炼出的一套敏捷、高效的流程。该方法专注于工作任务中的困难和难点，尤其适用于人员较少或分支较多的岗位。该方法的工作坊通常仅需一天时间，相较于两天的DACUM工作任务分析，时间大大缩短。两者的主要区别在于，DACUM工作任务分析通过两轮头脑风暴来梳理工作职责和任务，而敏捷工作任务分析则仅通过一轮头脑风暴即可完成这一梳理工作。

二、敏捷工作任务分析的主要产出成果

　　敏捷工作任务分析的主要产出成果包括工作职责、工作任务、工作困难与挑战，以及敏捷版课程体系。引导师引导专家从工作职责和任务中转化形成敏捷版课程体系。需要注意的是，敏捷版课程体系的产出成果颗粒度相对较粗，主要呈现一级大纲；相比之下，经过后台处理的DACUM工

作任务分析能够细化到三级大纲的课程体系。敏捷工作任务分析流程如图5-6所示。

图5-6　敏捷工作任务分析流程

第五节
典型职业工作任务分析[1]

一、什么是典型职业工作任务分析

典型职业工作任务分析（Berufliche Arbeitsaufgaben，BAG），是由德国不来梅大学技术与教育研究所开发的一种课程开发方法。该方法基于对企业专家和技术工人的访谈与调研，将工作任务置于企业生产运营过程以及学习者全面发展的整体环境中进行分析。与DACUM工作任务分析相比，典型职业工作任务分析的显著特点在于其分析对象并非孤立的工作岗位或相对独立的单项能力，而是将工作任务视为一个完整的工作过程进行分析。

二、如何使用典型职业工作任务分析

典型职业工作任务分析的实施过程包含三步：工作分析准备、工作分析实施以及工作分析过程的记录和成果评价。

1　周元春.基于BAG法的教学设计师典型工作任务分析[J].电化教育研究,2013,34(08).

1. 工作分析准备

在这一步，需要选择合适的岗位，并成立工作小组。同时，制定详细的工作分析要点记录表与访谈提纲。记录表的内容应包括七项：工作过程、工作岗位、工作对象、工作方法、劳动组织、工具与器材，以及对工作对象的要求。访谈提纲则涵盖四方面：简述工作职责、具体工作内容、工作方法，以及分享工作案例。

2. 工作分析实施

依据制订好的工作分析计划，利用已准备好的"工作分析要点记录表"及访谈提纲，开展全面的调研工作。

3. 工作任务分析的记录和成果评价

调研结束后，组织召开"实践专家研讨会"。这里的实践专家是指具有丰富工作经验的一线工作人员，如班组长、工段长、车间主任和基层部门负责人。在研讨会上，实践专家将针对每一阶段，举出三到四个他们实际从事过的、具有代表性的工作任务实例，并进行深入的讨论与分析。最终，将讨论和分析的结果整合成典型工作任务表。示例如表5-5所示。

表5-5　某学校教学设计师岗位典型工作任务

典型工作任务名称	工作任务简述	职业发展阶段	职业资格等级
1. 撰写教学设计方案	市场调研，分析用户需求，设计总体教学目标，制定教学策略，撰写总体教学设计方案	初学者	初级
2. 教学过程设计与实施	根据教学设计方案，设计目标、内容、方法，提出实施要求，并在实践中收集反馈信息		初级

续表

典型工作任务名称	工作任务简述	职业发展阶段	职业资格等级
3. 教学资源设计与开发	根据教学设计方案,编写脚本,使用指南和测验资料等,确保开发内容服务于学习者需求	初学者	初级
4. 教学过程评价	对教学设计方案及其实施过程开展形成过程性评价,提出优化建议与措施	专家	高级
5. 教学资源评价	审核教学材料,检验材料是否符合教学目标及学习者需求,收集形成评价信息,提出优化建议与措施		高级
6. 快速原型法开发设计过程	根据教学设计方案,运用快速原型法开发教学设计过程		高级
7. 教学管理与培训	负责项目整体方案的进程,注重团队建设尤其是团队文化建设及教学设计技能培训		高级

第六章

核心能力分析

核心能力分析是企业内部对岗位人才或关键人群的能力素质进行分析、建设与应用的一种方法。这里的能力素质涵盖了人才的外显特征（如知识、技能）和潜在特征（如个性特质等）两个方面。

在核心能力分析中，最基础的概念是"能力素质模型"，我们常称之为"胜任力模型"。在企业应用范畴内，该模型指的是一组特征组合，这些特征能够用来区分业绩优秀者与业绩平平者。尽管行业内对于胜任力模型尚未达成统一的认知，但本章将探讨其定义，并阐述胜任力模型在企业人才战略中占据的关键地位。

第一节
什么是胜任力模型

一、胜任力模型在国外的研究

长期以来，人们一直在寻找一种方法来测量胜任力匹配度并预估一个人的成就。20世纪心理科学对智商的研究和应用为"聪明"崇拜提供了"科学"依据。人们通过多种手段评估一个人的智力水平，出现了众多智商测量工具。智商一度成为选拔神通、招聘精英以及评价胜任力的标准，然而不久，人们发现仅凭智商来判断一个人的胜任力并不可靠。

直到1973年，哈佛教授麦克里兰（McClelland）博士在协助美国国务院培养外交官的项目中，首次提出了能力素质的概念。当时，麦克里兰接受了美国政府的任务，帮助选择适合担任美国外交官的人才。面对如何确定适合担任签证官或外交官的人选的难题，麦克里兰研究出了一种方法，这种方法后来被称为能力素质模型。随后的几十年里，能力素质的概念在企业界得到了广泛应用，成为国际上特别是先进企业中普遍认可和广泛运用的人才选拔、培养和发展的有效方法。

麦克里兰将直接影响工作业绩的个人条件和行为特征定义为能力素

质。能力素质是绩效改进的关键因素，具备能力素质模型所描述的素质
的人员，通常能够获得更高的绩效。其中，最为著名并广泛流传的理论
为"素质冰山模型理论"。胜任力模型常用冰山模型进行描述，如图6-1
所示。

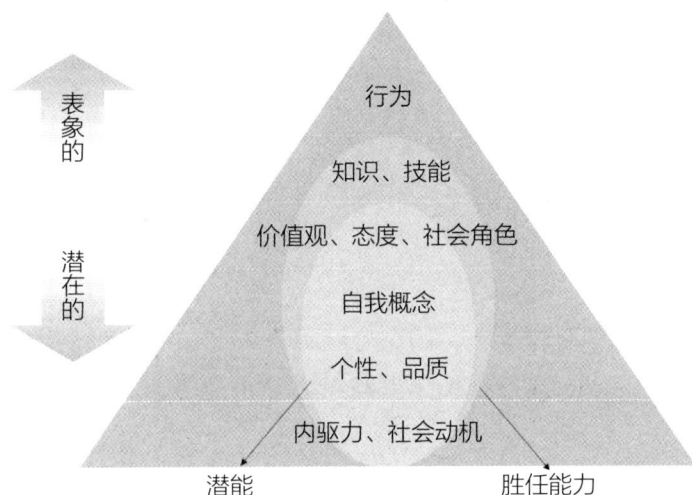

图6-1 麦克里兰的冰山模型

冰山以上部分包括行为、知识和技能，这些是表象的，容易了解与测
量的部分。冰山以下部分则包括：价值观、态度、社会角色；自我概念，
如自信；个性、品质，如灵活性；内驱力、社会动机，如成就导向。

胜任力模型可以参照冰山模型来构建，其中重点需要提炼的是工作行
为、技能、知识和价值观，因为这些要素是能够通过培训加以改变的。

在麦克里兰胜任力理论的基础上，众多学者对胜任力模型进行了深入
研究和实践应用。在研究方法上，国外主要基于专家、学者提出的能力素
质模型，进行人员的选聘和培训指导，如国际人事管理协会的做法。国际
人事管理协会的标准是基于专家和实际工作者的经验，列出了人力资源管

理工作者所需的一系列知识。国际人事管理协会从人力资源管理工作者的角色定位出发，强调能力素质的提升。在应用方面，能力素质模型在国外公共部门中得到了广泛应用，尤其在公务员的选拔配置、培训开发等领域，美国、加拿大、英国和澳大利亚等国在此方面尤为成功。[1]

20世纪70年代初期，麦克里兰创建了一家专门为企业、政府机构和其他组织提供能力素质在人力资源管理方面应用服务的公司，该公司在国际上享有权威地位。能力素质模型为企业人力资源管理工作者提供了全新的视角和工具，并在国际上，特别是先进企业中得到了普遍接受和广泛应用。

随着胜任力理论的普及，其在全球范围内产生了深远的影响，从最初的大学精英选拔与测评，逐步扩展到各行各业的企业内，主要用于人才的选拔与任用。如今，能力素质模型已成为整个人力资源管理的关键环节，它紧密连接了企业战略与整个人力资源管理业务。

二、胜任力模型在国内的研究

21世纪初，随着国外能力素质理论在国内的引进和推广，国内学者对能力素质模型进行了深入研究与本土化实践。值得注意的是，原"能力素质"在我国被称作"胜任力"，因此能力素质模型也被称为胜任力模型。随着国内人力资源管理水平的提升，胜任力模型逐渐在我国得到广泛应用。

在国内，胜任力模型初期主要应用于管理者的筛选与培养。其中，原

1　王睿.能力素质模型的发展现状研究[J].中国电力教育,2009(16):236-238.

邮电部在《心理学报》上刊登的"通信业管理干部测评及其量化评估方法"研究，为如何采用素质模型方法建立企业管理者任职资格标准提供了实践案例，起到了重要的奠基作用。[1]

近几年，胜任力模型概念逐渐兴起。从最初直接套用国外研究成果，到现在逐渐摸索出适合本国企业情况的应用方式，胜任力模型在企业的人力资源管理上发挥着重要作用。它规定了使员工能够成功完成工作的具体技能、知识和行为要求，可以应用于招聘、人才管理、培训和绩效评估等多个领域。

研究结果表明，我国对胜任力模型的应用与西方存在较大差异。这主要是因为我国的人力资源发展具备其特殊性和社会独特性，国内外的从业人员面对的职业场景也大相径庭。

经研究，常见胜任力建模的误区有以下几点。

1. 盲目跟风，未与自身企业的战略、岗位特点等进行关联

许多企业在建模时，往往因为标杆企业正在做，便盲目跟风建立胜任力模型，甚至直接套用现成的模型。然而，胜任力模型必须建立在企业战略要求、岗位特点等基本条件之上。如果盲目套用或仅为建模而建模，只会治标不治本，浪费大量资源和资金却得不到理想结果。

2.对胜任力模型的应用范围及作用理解有误，混淆其与任职资格的用途

有时会将胜任力模型与任职资格混淆，认为胜任力模型等同于任职资格。但实际上，胜任力是优秀员工所具备的潜在素质，包括动机、品性、能力、个性等特征；而任职资格关注的是合格员工应该具备的显性条件，

---

1 杨晓莹.基于素质模型的企业员工培训研究[D].中国海洋大学,2008.

如知识、技能、经验、学历等。[1]错误地将胜任力模型代替任职资格使用，其效果可想而知。

3. 缺乏专业的建模基础，不知如何验证胜任力模型的信效度

许多企业在建模时，对内部建模人员的要求较高，但往往缺乏相应的专业人员。此外，胜任力模型的建设成本较高、周期较长。因此，在资金允许的情况下，企业可能会考虑外部咨询公司。然而，由于企业内部缺乏判断模型有效性的能力，且模型验证工作复杂烦琐，往往在应用很久后才发现效果不佳。

---

1 杨晓莹.基于素质模型的企业员工培训研究[D].中国海洋大学,2008.

第二节
构建胜任力模型的常用方法

一、关键事件访谈

关键事件访谈是一种通过调研被访者在工作管理中所经历的关键事件，来尽可能详细地收集这些事件的各种细节的方法，包括事件的背景、过程以及当时的处理行为等。该方法的调研对象通常包括两个群体：绩效表现优秀的小组以及绩效表现一般的小组。通过对比分析两组的关键要素，得出差异信息，从而设计出绩优能力模型。

这种方法目前被认为是主流且有效的建模方法。然而，它也受到一些质疑。有学者指出，关键事件访谈建立的能力模型是基于过去事件的回顾，属于静态模型，无法确保过去的胜任力能够直接促进未来的高绩效。在当今企业面临快速变化的内外部环境时，仅基于关键事件访谈建立的模型可能无法有效反映这些变化，组织需要不断调整胜任力模型以适应新的环境。[1]

1　冯明,尹明鑫.胜任力模型构建方法综述[J].科技管理研究,2007(9):229-230+233.

二、标杆模型分析

在构建胜任力模型时，可以借鉴现成的模型或专家系统数据库，对标其他企业，特别是同行业的胜任力模型，以确保所建立的模型具有国内领先性和行业内的适应性。同时，必须紧密结合企业内部自身的战略需求，对涉及胜任各序列、各层级能力要求的相关文件进行全面、细致的调研、分析和判断，如岗位说明书、任职资格文件等。通过这些分析，可以精准地识别出岗位的关键要素，并据此构建能力模型。

该方法成本投入相对较低，但对分析人员的技术要求较高，需要他们具备较强的数据敏感度，以及深厚的专业知识和丰富的经验积累。

三、成功画像

成功画像是指岗位最优秀人才所展现的胜任典范，其呈现形式通常涵盖知识、技能、经验、特质这四个维度。示例如图6-2所示。

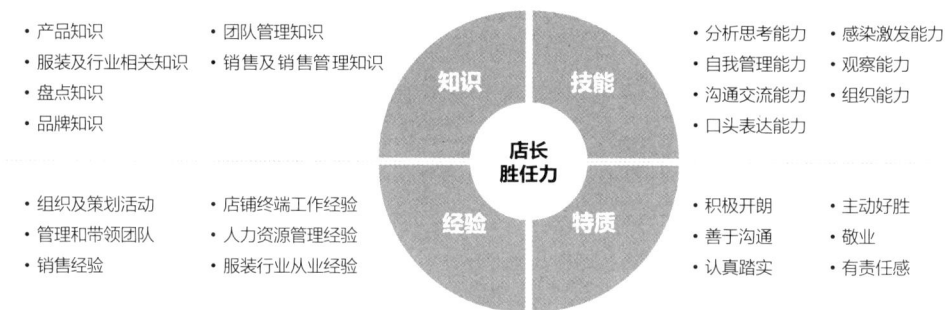

• 产品知识　　　　• 团队管理知识　　　　　　　　　　　　　　　• 分析思考能力　• 感染激发能力
服装及行业相关知识　• 销售及销售管理知识　　知识　　技能　　　• 自我管理能力　• 观察能力
• 盘点知识　　　　　　　　　　　　　　　　　　　　　　　　　• 沟通交流能力　• 组织能力
• 品牌知识　　　　　　　　　　　　　　　　店长　　　　　　　• 口头表达能力
　　　　　　　　　　　　　　　　　　　　　胜任力
• 组织及策划活动　• 店铺终端工作经验　　　　　　　　　　　　　• 积极开朗　　　• 主动好胜
• 管理和带领团队　• 人力资源管理经验　　经验　　特质　　　• 善于沟通　　　• 敬业
• 销售经验　　　　• 服装行业从业经验　　　　　　　　　　　　　• 认真踏实　　　• 有责任感

图6-2　成功画像示例

知识和技能是指为了胜任岗位并达到优秀绩效，个体需要掌握哪些知识以及具备哪些专业技术能力。

经验是指胜任该岗位所必需的行为经历，包括历练、经验累积以及经验程度。

特质是指一个绩优人员所特有的品质、个性。例如，一个安全员就需要具备严谨、认真、细致等人格特质。

在实际操作中，我们会邀请岗位上最优秀人才及其上级共同参与描述这一过程。请每个人分别在四个维度上分享他们的看法，随后由引导师协助大家整合相似的观点，最终每个维度保留7~9条描述，以确保这些描述贴近现实，避免对人才产生过于理想化的期待。

通常情况下，若要挑选符合岗位胜任能力的人才，我们需要评估候选人具备的知识、技能以及相关的经验和特质。关于特质，它位于冰山之下，是不易被直接观测到的部分，且相较于其他能力，特质的培养难度较大。甚至有极端的保守观点认为特质是不可培养的，但人们的行为习惯和态度理念是可以通过引导而改变的。

因此，在后续的招聘和选才过程中，我们应该将主要精力放在选择合适的人上，即选择那些具备该岗位所需特质的人才。这样不仅能提高招聘效率，也是最为经济有效的做法。

四、卡片筛选

许多咨询公司已经建立了成熟的能力模型数据库，为了快速满足企业建模的需求，这些数据库经过商业化加工，衍生出了能力卡片类的产品。这些产品包括实物卡片，可以通过沙盘模拟进行筛选；同时，也有将数据库上传至电子平台的形式。在科技发达的今天，线上操作便捷，能够快速产出结果。图6-3和图6-4就是安迪曼咨询自主研发的胜任力卡片，它们被用于敏捷胜任力建模。

战略		业务	
一、战略思维	**四、复杂决策**	**六、预防和解决问题**	**十、高效配置资源**
1. 高瞻远瞩	12. 策略性决策	18. 诊断性信息收集	31. 成本意识
2. 概念性思考	13. 决断力	19. 分析思考	32. 资源整合
3. 战略思维	14. 决策质量	20. 业务敏锐度	**十一、发挥最高绩效**
4. 策略规划	15. 解决问题	21. 有效决策	33. 绩效辅导
二、商业头脑	**五、变革创新**	**七、计划管理**	34. 追求卓越
5. 商业头脑	16. 促进创新	22. 结果导向	**十二、持续改善**
6. 创业导向	17. 引领变革	23. 计划制订	35. 持续改善
7. 术业专攻		24. 计划实行	36. 关注细节
三、共启愿景		25. 确定轻重缓急	37. 关注品质
8. 愿景构建		**八、系统建设**	38. 安全意识
9. 愿景和价值观传递		26. 流程管理	
10. 愿景激励		27. 制度构建	
11. 愿景落实		**九、客户导向**	
		28. 重视客户需求	
		29. 维持客户满意度	
		30. 建立伙伴关系	

团队		自我	
十三、知人善任	**十七、应对困境**	**二十、自我认知与发展**	**二十三、活力与动力**
39. 有效选才	51. 指令	60. 自我认知	74. 积极主动
40. 人员适配	52. 冲突管理	61. 自我发展	75. 精力充沛
十四、引领团队	53. 勇于面对下属	62. 自信	76. 个人担当
41. 组建高效团队	54. 管理魄力	63. 职业抱负	**二十四、沟通与影响力**
42. 鼓舞士气	**十八、培训**	**二十一、压力管理**	77. 善于人际交往
43. 激励他人	55. 教学设计	64. 抗压性	78. 书面沟通
44. 一视同仁	56. 培训交付	65. 沉着应对	79. 沟通交流
45. 促进团队成功	57. 培训效果评估	66. 不屈不挠	80. 影响他人
十五、调动他人	**十九、辅导**	67. 工作/生活的平衡	81. 赢得认同
46. 及时告知	58. 教练	**二十二、思想开明**	**二十五、个人信誉**
47. 授权委责	59. 岗位带教	68. 开诚布公	82. 道德观与价值观
十六、合作协同		69. 关心他人	83. 正直可靠
48. 团队合作		70. 幽默感	**二十六、知识和技能**
49. 跨部门合作		71. 耐心	84. 专业知识与技能
50. 兼容并包		72. 亲和力	85. 技术学习
		73. 灵活适应	**二十七、持续学习**
			86. 即时学习
			87. 应用所学

图6-3 安迪曼胜任力卡片87项通用核心能力

能力组卡片

一、了解商业运作

定义：熟悉企业的运作方式，具有敏锐的商业意识，拥有丰富的商业知识和技能，了解竞争以及未来的趋势。

重要性： ★ ★ ★ ☆ ☆
学习困难度： ★ ★ ☆ ☆ ☆ 　1.商业头脑
期望掌握度： ★ ★ ★ ★ ☆ 　2.技术学习

能力项卡片

一、商业运作

定义：理解商业的运作方式，了解当前及未来可能对所在行业和组织有影响的政策、实践、趋势、技术和信息，了解竞争，知道战略和战术在市场中发挥作用的方式。

重要性： ☆ ☆ ☆ ☆ ☆
学习困难度： ☆ ☆ ☆ ☆ ☆
期望掌握度： ☆ ☆ ☆ ☆ ☆

能力分类卡

A. 至关重要

这项胜任力是该工作岗位必备的、不可或缺的，如果员工没有掌握这项胜任力，就不可能在该工作岗位上有良好的绩效表现。

B.重要

这项胜任力对于员工创造良好的绩效有帮助，但不是必要的，如果他们具备了其他核心能力，也可以做好该岗位的工作。

C.一般

这项胜任力对于工作没有影响或影响微乎其微，在工作中极少使用，即使员工对这项胜任力有所欠缺，也不会影响他们的绩效表现。

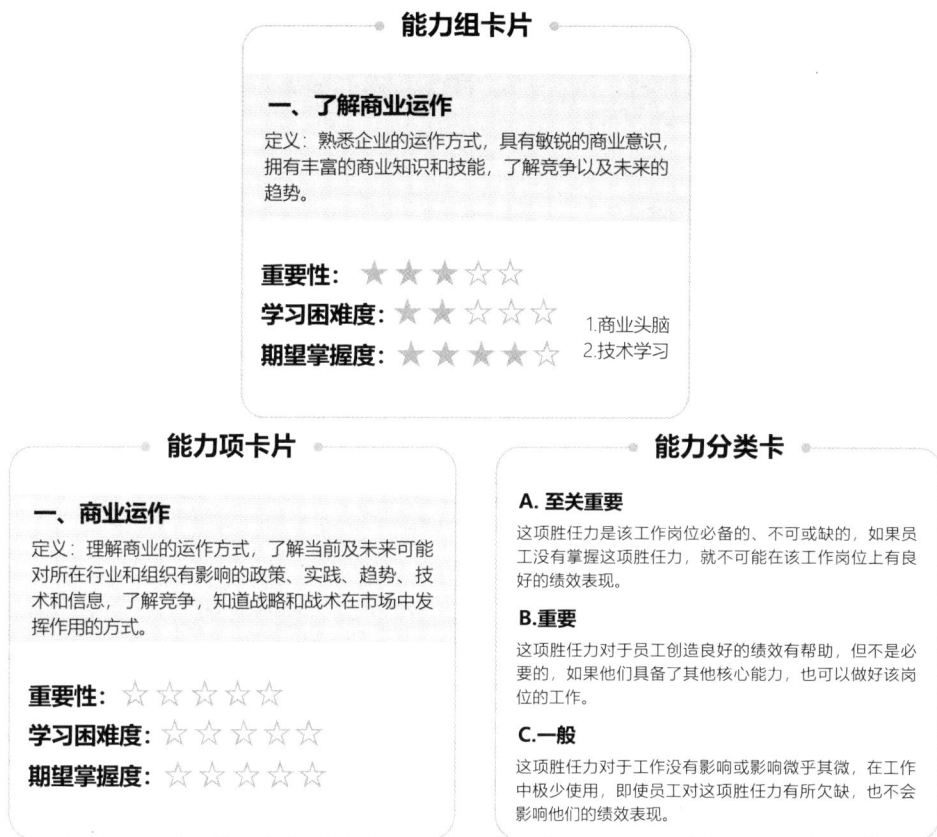

图6-4　安迪曼胜任力卡片样例

　　整套卡片分为4个能力维度、27个能力组和87个能力项。每张能力组卡片明确标出了该能力组的定义，以及该组包含的具体能力项。每张能力项卡片则提供了清晰的能力定义以及与之对应的行为描述。此外，整套卡片还包括新生卡片，这些卡片可以整合已有的能力项下的行为描述，形成新的能力项卡片乃至新的能力组卡片。

　　借助配套的敏捷胜任力建模沙盘（见图6-5），我们可以筛选胜任力卡片来构建敏捷胜任力模型。在建模过程中，沙盘会将卡片分类，参与者将通过多轮筛选，选出与密切相关工作岗位的关键能力项卡片。为了确保这些能力项及其行为描述与企业文化和工作任务相契合，我们会对其进行优化，确保其既合适又符合企业特色。最终，我们将确定企业的能力模型。

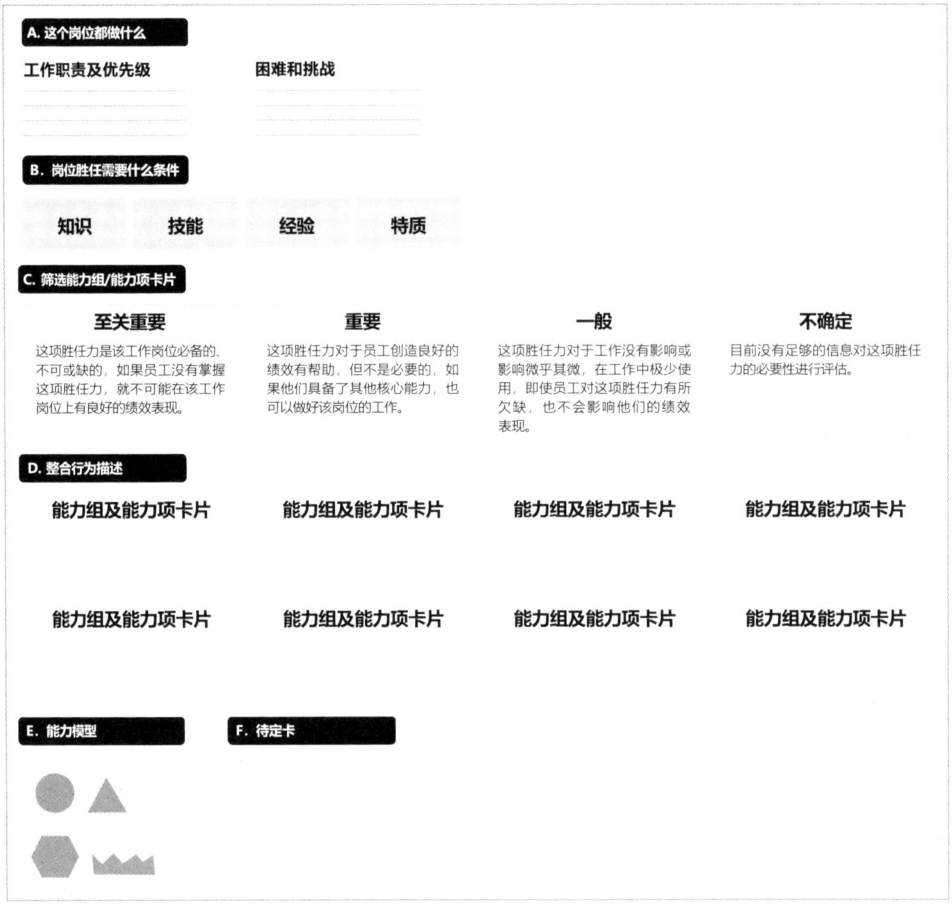

图6-5　敏捷胜任力建模沙盘

五、多维度分析：敏捷建模方法论

建模方法各有千秋，因此在建模时应当充分考虑企业的实际情况，综合运用多种方法，并让这些方法之间形成互补。基于建模的多种场景，我们总结了图形化的方法论，如图6-6所示。

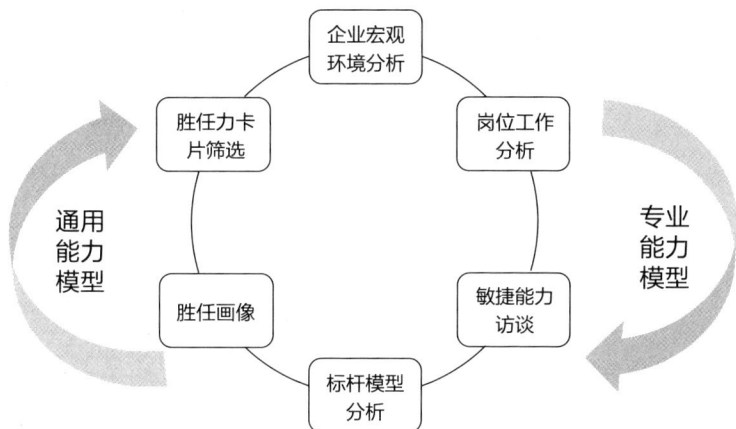

图6-6 安迪曼敏捷建模方法论

通过多维度的科学方法（如胜任力卡片筛选、岗位工作分析、胜任画像、敏捷能力访谈）的融合，能够精准萃取岗位的典型场景、任务、成功案例以及标杆事件/人物，进而迅速分析出典型的胜任力要素。根据企业实际使用场景，我们构建胜任力模型的结构和内容，确保模型具备可用性、可落地性和有效性。

在方法运用上，需要考虑到胜任力的类别，目前主要分为以下三种：

1. 通用能力

通用能力包括组织对所有员工要求的基本技能，这些技能因企业而异，取决于每个组织的价值观、理念和目标，通常包括沟通技巧或团队合作等基本要求。

2. 专业能力

专业能力是岗位特定的技能和行为，能够使员工在岗位上表现出色。

3. 领导能力

领导能力通常适用于监督和管理相关的角色，但也可以应用于任何需要领导他人的岗位。它涵盖领导技能和行为，如决策能力。虽然领导能力本质上属于通用能力的一种，但由于其特殊性和对企业的重要性，我们特别将其区分出来。

针对不同类型的胜任力，我们需要采用不同的方法组合。具体而言，专业能力模型以岗位工作分析及敏捷能力访谈为主，辅以胜任力卡片筛选和胜任画像。通用能力模型（含领导能力）则以胜任力卡片筛选和胜任画像为主，辅以岗位工作分析和敏捷能力访谈。此外，企业宏观环境分析和标杆模型分析可以确保胜任力模型与企业战略及未来发展相匹配。

第三节
核心能力分析在学习地图构建中的应用

如果岗位序列主要侧重于管理领导能力或通用能力，如管理者或领导者，建议以核心能力分析为核心来构建课程体系。在运用核心能力分析提炼知识、技能和态度（简称ASK）时，应参考胜任力模型。对于以一线操作、操作类或专业技术类为主的岗位序列，建议以DACUM工作任务分析为主，辅以核心能力分析，来提炼课程体系所需掌握的知识、技能和态度。

一、工作任务分析和核心能力分析的差别

在运用工作任务分析提炼知识、技能和态度时，工作任务相当于"冰山以上部分"，即工作行为，是核心能力模型的外在表现。核心能力模型主要关注的是所需的技能、知识和价值观，其建立往往是为了更广泛地适用于不同岗位和人群，因此需要进行一定程度的抽象化。相反，工作任务是具体的，针对特定岗位的实际操作。从这个角度看，工作任务分析与核心能力分析体现了具体与抽象的关系。

通常，运用工作任务分析来构建课程体系的好处在于，它能够为课程

体系提供具体的能力运用载体，使课程体系更加贴近实际工作，与岗位需求结合得更为紧密。然而，工作任务分析也存在两个主要缺陷：一是前瞻性不足，适用范围相对有限；二是与企业战略目标结合不够紧密，因为它主要基于岗位当前的工作内容来确定所需的知识、技能和态度。

在构建核心能力模型时，通常会将战略对岗位的要求、前瞻性的要求以及与同行业企业的对标结果融入其中。这样的模型相对抽象且具有泛化性，但同时也具备前瞻性和战略导向性。然而，单纯基于核心能力模型来构建课程体系可能显得不够具象，对企业来说落地性不足。因此，结合工作任务分析与核心能力模型的解读来构建课程体系，可能是一个更为合适的选择。

二、核心能力分析的三种模式

核心能力分析有三种模式。

第一种是单一岗位模式，即在建立核心能力模型时，通常选取某一个岗位来构建。这种模式颗粒度最小，但建立核心能力模型时有一个基本原则：岗位人员数量需要超过10人，以确保规模效应。

第二种是跨部门通用模式，也就是跨不同岗位来建立通用的能力模型。我们通常称之为横向模式，即多个岗位都需要具备相同的能力。

第三种是多岗位模式，按照岗位序列来建立，这是一种纵向模式，通常与职种相对应。

无论采用哪种模式来建立岗位能力模型，每种模型完成后都应包含对行为表现、知识、技能和态度、个性特征、动机（价值观）的描述。

核心能力分析的流程如下：

（1）拆分能力素质，并进行分类，明确其定义的描述范围。

（2）分析行为表现，对各项素质的行为进行深入分析，以确定其中包含的知识、技能和态度。

（3）转化学习需求，将分析结果转化为具体的学习需求，并明确知识、技能和态度对应的学习目标。

第七章

知识、技能和态度分析

第一节

什么是知识、技能和态度

大脑对知识、技能和态度（简称ASK）的存储和反应有其物理载体，位于大脑的不同区域，各自的处理和反应方式也不尽相同。知识、技能和态度，这三者实际上构成了人类思考的三个不同逻辑层次。知识，即人们对外部世界本然的认识，涵盖了自然和社会形态的描述以及规律的总结，可细分为陈述性知识和概念性知识。态度，则是人们内心对自己和外部世界的主观认识，包括使命、愿景和价值观等，指导我们如何判断事物的重要性、信任与远离的界限。而技能，介于知识与态度之间，涉及人们如何利用已知的自然和社会规律去改造和适应环境，以获取自身认为重要的东西。[1]

知识（K）指的是人们存储在大脑中的信息，既包括事实性知识——具体的客观存在和事实，也包括经过大脑加工的概念性知识，如概念、程序、原理等。知识既可以从经验中获得，也可以通过他人的传授间接获取。在学习场景中，知识更多地表现为学习者对特定信息的掌握程度，尤其是概念性的知识，如数据的类型。

1　田俊国.精品课程是怎样炼成的[M].北京:电子工业出版社,2014.

技能（S）衡量的是学习者对特定工作或任务的执行程度，包括原理的应用、问题的解决等。技能熟练掌握的标志是学习者能够潜意识地应用所学技能。例如，熟练的开车动作不需要过多思考，而是由潜意识直接反应，甚至达到肌肉记忆的程度。

态度（A）实际上是价值观的外显反应，与技能和知识有所区别。态度的形成至少需要经过价值判断和情绪反应两个阶段。态度的改变则体现在学习者对培训内容在工作中的应用价值的判断上。

具体示例如表7-1所示。

表7-1　知识、技能和态度示例

类别	具体内容	示例（工作任务：收集数据）
知识	事实 概念 原理（记忆或理解）	区域人均GDP 人工智能的定义 数据的类型
技能	原理（运用） 流程方法、工具 问题解决	电话沟通的基本技巧 数据收集的流程、工具、模板 消除客户提供信息的抗拒心理
态度	行为倾向	礼貌、细致

第二节

ASK提炼分析方法

无论是核心能力分析还是工作任务分析，最终都需要提炼出知识、技能和态度，并将它们转化为具体的学习目标。ASK分析在课程体系建设模型中占据核心位置，如图7-1所示。无论之前采用的是工作任务分析还是核心能力分析，都需要辅以另一种方式进行校验，从而精确提炼出所需的知识、技能和态度。

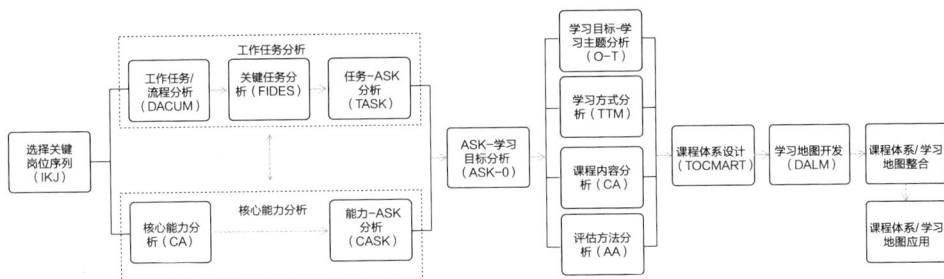

图7-1　敏捷学习地图构建™模型

一、专家小组讨论法

专家小组讨论法是通过召集对某一职位有充分和深入认识的专家，进行讨论来收集数据的方法。该方法旨在收集专家对相关职位所需ASK的意见，通过专家之间的面对面交流和头脑风暴法，集中专家的智慧，快速获取大量信息，从而明确岗位的ASK。

专家小组讨论法的优点在于能够在短时间内集中专家的智慧，收集到大量的信息，并且由于专家的理论水平较高，常常能提出建设性的意见。然而，该方法也存在一些缺点：可获得的专家人数可能较少，组织讨论的难度较大，实际操作时可能不易掌控，且提炼的结果往往会受到专家本身经验的影响。

二、情景重现法

情景重现法是指通过回顾工作内容，具象化工作场景，为ASK提炼搭建框架。例如，通过情景重现岗位的职责任务，再针对每一项职责任务梳理提炼出对应的ASK；或者请专家情景重现处理问题的情景，再进一步萃取处理问题时所要用到的ASK。

情景重现法能够很好地同时萃取显性知识和隐性知识，并且萃取结果与工作场景联系紧密，从而保障萃取的完整性。其缺点是对实施人员要求较高，实施人员需要对萃取技术有一定的理解和经验。

三、综合专家小组讨论法与情景重现法

本书采用了综合两种方法的萃取技术。首先，邀请专家以小组讨论的方式，共同萃取工作的场景，以形成结构性的框架。这个框架的主要内容以职责任务为核心。其次，经过专家的深入讨论并达成共识后，再基于这些场景引导专家进行ASK的研讨和萃取。

第三节
任务与ASK的梳理流程

（1）依据工作任务分析结果，列出所有相关的知识、技能和态度的名称。

（2）重点区分知识和技能。这两个内容在前面的信息中可能混杂在一起。主要区别在于，虽然技能类通常包含知识类元素，但技能类需要单独列出并明确标识。

（3）分析知识、技能和态度的内容时，需要参阅与岗位和行业相关的资料，力求描述的准确性与一致性，既要保证内容的完整性和包含性，又要避免混淆。但在遇到特殊情况时，某些内容可以舍弃，这需要结合具体资料进行分析判断。

（4）整合知识、技能和态度并进行编码。将知识、技能和态度对应至每个工作任务，并产出ASK表（见表7-2）。

表7-2　ASK 列表

知识（K）	技能（S）	态度（A）
场地布置应知应会知识	培训项目设计能力	有礼貌
各种学习方式的特点	培训目标设定的方法	积极主动

续表

知识（K）	技能（S）	态度（A）
行业主流咨询公司信息	沟通与协调技巧	谦虚
学员手册的要求	学习能力	灵活性
公司主要产品	问题解决能力	原则性
公司核心业务流程	倾听技巧	耐心
公司组织架构	数据分析能力	细致
公司企业文化	网络搜索技巧	敏感

第四节
ASK编码

　　工作任务分析表中，不同任务所对应的知识、技能和态度可能存在重叠。为确保唯一性和准确性，需要对所有涉及的知识、技能和态度进行统一整合，并对每个知识、技能和态度进行编码。例如，知识可以按照顺序编码为K-1、K-2等，技能可以编码为S-1、S-2等（见表7-3），以确保在后续的分析和引用中能够清晰、准确地识别和应用。

表7-3　知识、技能编码样例

	知识（K）		技能（S）
K-1	计划业务运作流程	S-1	识别系统无效调拨单据
K-2	S&OP业务运作机制	S-2	合理匹配外部采购订单与内部订单
K-3	供应链计划初级知识	S-3	避免产生订单延期
K-4	财务基础知识	S-4	避免材料提前到货
K-5	产品品类知识	S-5	分析不存在逻辑性的材料异常

　　编码完成后，需要将知识、技能和态度对应至每个工作任务，并基于知识、技能和态度掌握程度的具体要求，进行相应学习目标的编写，如表7-4所示。

表7-4　TASK 表

关键任务（Task）		态度（A）	技能（S）	知识（K）
E-5	设计效果评估方案	A-4 A-14	S-6 S-9 S-33	K-6 K-10 K-15 K-23 K-24
E-6	制订项目整体方案初稿	A-2 A-4 A-7 A-11 A-14	S-9 S-12 S-14 S-15 S-20 S-33	K-4 K-10 K-17
F-1	确定参训名单	A-2 A-7 A-8	S-9 S-20	K-10 K-23 K-24
F-2	落实培训资源	A-6 A-7 A-8 A-11	S-9 S-14 S-20	K-3 K-4

第五节
编写学习目标

一、学习目标编写理论基础

在国内外，众多教育心理学家专注于研究设计、开发和分析学习目标的方法，并大致形成了两种主流观点：行为观和认知观。行为观主张以可观察或可测量的行为来编写学习目标，而认知观侧重于内部心理过程来构建目标。尽管这两种观点各有侧重，但均强调学习目标的描述应聚焦于学习者行为或能力的变化。

当我们着手绘制岗位学习地图时，为确保方向的准确性，首要任务是扫描岗位的工作内容，并对每项工作任务进行学习目标分析。国内外常见的目标编写方法主要有三种。

1. 五要素目标表述法

加涅认为，一个精确的学习目标应明确如何观察已习得的教学结果。因此，他提出了五要素目标表述法。具体如下：

（1）学习行为的情景（Situation），即问题提出的前提。

（2）习得能力的类型（Variety of Learned Capability），即学习结果的类型，通过特定动词表示。

（3）学习行为的对象（Object），即学习者行为表现的目标对象。

（4）运用习得能力的具体行动（Action），即学习者为实现目标所采取的外显行为，同样通过特定动词表示。

（5）与学业行为相关的工具、条件或限制（Constraints），即学习者行为表现时可能遇到的限制条件。

例如，"给学习者提供10个记忆项目，学习者采用关键词记忆法，不借助任何工具，在30秒内记住这些内容，并保持至少两天"。其中，"给学习者10个记忆项目"为学习行为的情景，"采用"描述了习得能力的类型，"关键词记忆法"是学习行为的对象，"不借助任何工具"是运用习得能力的具体行为，"在30秒内记住这些内容并保持至少两天"则与学习行为相关的工具、条件或限制相关。

加涅的五要素虽然通常一同使用，但并非必须同时出现，有时已知的行为对象和限制条件可根据需要省略。

2. 四要素阐述法

四要素阐述法是由阿姆斯特朗（Armstrong）和塞维吉（Savage）在梅格（R.F. Mager）提出的教学目标分类法"三要素"（行为、条件、标准）基础上发展而来的。他们增加了"教学对象"（Audiencc）这一要素，形成了完整的四要素阐述法。

（1）A（Audience）：教学对象，即目标所指向的学习者——"谁？"

学习目标的表述应明确指出目标指向的对象，如"初中三年级的学生"或"大学一年级新生"。因为学习目标描述的是学习者的行为，规范的表述应以"学习者应该……"开头，而非描述教师的行为。

（2）B（Behavior）：行为，即学习者应完成的具体行为表现——"做什么？"

该要素表明学习者经过学习后应达到的能力水平，从而让教师能够根据学习者的行为变化判断学习目标是否实现。通常，我们用一个动宾结构的短语来描述行为，其中动词为行为动词，表明学习的类型。

（3）C（Condition）：条件，即行为发生的特定情境或限制条件——"在什么条件下？"

该要素说明行为产生的条件，评价学习结果时需要考虑。条件包括环境、设备、信息以及学习者或教师等人为因素。

（4）D（Degree）：标准，即行为完成的最低质量要求——"做到什么程度？"

该要素是指行为完成质量的最低衡量标准，应以大多数学习者在努力后能达到的水平为准。由于学习者行为表现存在差异，为使目标可测量，应对行为水平进行具体描述。

综合四个要素，可写出完整的学习目标。例如，"在备用轮胎、十字扳手和千斤顶的辅助下，学习汽车驾驶的学习者能够按照用户手册的步骤，在30分钟内更换瘪了的轮胎"。其中，"学习汽车驾驶的学习者"为教学对象，"更换瘪了的轮胎"为行为，"在备用轮胎、十字扳手和千斤顶的辅助下"为条件，"能够按照用户手册的步骤，在30分钟内"为标准。

在编写学习目标时，通常可以省略教学对象（学习者即岗位人员），有时也可以省略操作条件。但无论如何，都应保留对期望行为的描述和行为操作标准，这是编写学习目标的核心要素。在描述行为时，可使用不同动词，如"掌握""了解""精通"等，但应尽量选择具体、可测量的行为动词，以增强目标的清晰度和可操作性，如表7-5至表7-7所示。

表7-5　编写认知学习领域的目标可选用的动词

学习目标层次	特征	可参考选用的动词
理解	对信息的回忆	为……下定义、说出（写出）……的名称、列举、复述、排列、背诵、辨认、回忆、选择、描述、标明、指明
领会	用自己的语言解释信息	分类、叙述、解释、鉴别、选择、转换、区别、估计、引申、归纳、举例说明、猜测、摘要、改写
应用	将知识运用到新的情境中	运用、计算、示范、改变、阐述、解释、说明、修改、解答、订出、计划、制订……方案
分析	将知识分解，找出各部分之间的联系	分析、分类、比较、对照、图示、区别、检查、指出、评析
综合	将知识各部分重新组合，形成一个新的整体	编写、写作、创造、设计、提出、组织、计划、综合、归纳、总结
评价	根据一定标准做出价值判断	鉴别、比较、评定、判断、总结、证明、说出……价值

表7-6　编写动作技能学习领域的目标可选用的动词

学习目标层次	特征	可参考选用的动词
感知能力	根据环境刺激做出调节	旋转、屈身、保持平衡、接住（某物体）、踢、移动
体力	基本素质的提高	提高耐力、迅速反应、举重
技能动作	进行复杂的动作	演奏、使用、装配、操作、调节
有意交流	传递情感的动作	用动作、手势、眼神或脸色表达……感情，用一段舞蹈表达……思想情感

表7-7　编写情感学习领域的目标可选用的动词

学习目标层次	特征	可参考选用的动词
接受或注意	愿意注意某事件或活动	听讲、知道、看出、注意、选择、接受、赞同、容忍
反应	乐意以某种方式加入某事，以示做出反应	陈述、回答、完成、选择、列举、遵守、记录、听从、称赞、欢呼、表现、帮助
评价	对现象或行为做价值判断，从而表示接受、追求某事，并表现出一定的坚定性	接受、承认、参加、完成、决定、影响、支持、辩论、论证、判别、区别、解释、评价
组织	把许多不同的价值标准组成一个体系并确定它们之间的相互关系，建立重要的和一般的价值观念	讨论、组织、判断、使联系、确定、建立、选择、比较、定义、系统阐述、权衡、选择、制订计划、决定
价值与价值体系的性格化	能自觉控制自己的行为并逐渐发展为性格化的价值体系	修正、改变、接受、判断、拒绝、相信、继续、解决、贯彻、要求、抵制、认为……正视

3. 安德森目标分类法

1956年，布卢姆出版了《教育目标分类学：第一分册 认知领域》，提出了认知领域目标分类的理论和方法，正式开启了教育目标分类的新纪元。分类教学显著提高了人类学习的效率。到了2001年，安德森对布卢姆的认知目标分类进行了修订，从知识和认知过程两个维度重新划分与界定了学习目标。知识维度包括四类知识：事实性知识、概念性知识、程序性知识及元认知知识。而基于认知过程维度的分类，包括认知水平的记忆、理解、应用、分析、评价和创造六个过程。[1]

在编写学习目标时，我们需要考虑以下几个问题：在有限的学习时间内，哪些内容的学习是优先且至关重要的？采取何种教学策略能更有效地

1　王楠,崔连斌.学习设计[M].北京:北京大学出版社,2013.

传递教学内容？如何评估学习效果？安德森修订的分类体系可以通过分类学表来呈现，表7-8为编写学习目标时所需思考的问题提供了清晰的定位指引。表7-9是安德森认知目标分类学认知过程维度的框架。

表7-8　分类学表

知识维度	认知过程维度					
	记忆	理解	应用	分析	评价	创造
事实性知识						
概念性知识						
程序性知识						
元认知知识						

表7-9　安德森认知目标分类学认知过程维度的框架

记忆	从长时记忆库中提取相关知识： （1）识别——学习者能够从长时记忆库中找到相关的知识与当前呈现的信息进行比较，看其是否一致或相似； （2）描述——当给予某个指令或提示时，学习者能从长时记忆库中提取相关的信息
理解	能够确定口头的、书面的或图表图形的信息中所表达的意义： （1）解释——学习者能够将信息的一种表征方式转换成另一种表征方式； （2）举例——学习者能够指出某一概念或原理的特定事例； （3）分类——学习者能够识别某些事物是否属于某一类别； （4）总结——学习者能够提出一个简短的陈述以代表已呈现的信息或抽象出一个一般主题； （5）推断——学习者能够从已有的信息中得出结论或者一组事例中发现范型； （6）比较——学习者能够查明两个或两个以上的客体、事件、观念、问题和情境等之间的异同； （7）说明——学习者能够建构或运用因果模式
应用	在特定情境中运用某个程序： （1）执行——学习者面对一个熟悉的任务，实际去完成某一程序； （2）实施——学习者选择和运用程序以完成一个不熟悉的任务

续表

分析	将材料分解为各组成部分并且确定这些组成部分是如何相互关联的以及部分同总体之间的联系： （1）区分——学习者能够按照恰当性或重要性来辨析某一整体结构中的各个部分； （2）组织——学习者能够确定事物和情境的要求，并识别其如何共同形成一个一致的结构； （3）归属——学习者能够确定沟通对象的观点、价值和意图等
评价	依据准则和标准来做出判断： （1）核查——学习者检查某一操作或产品，看其是否内在一致； （2）评判——学习者基于外部准则或标准来判断某一操作或产品
创造	将要素整合为一个内在一致、功能统一的整体或形成一个原创的产品： （1）生成——学习者能够表征问题和得出符合某些标准的不同选择路径或假设； （2）计划——学习者能够策划一种解决方案以符合某个问题的标准，也即形成一种解决问题的计划； （3）贯彻——学习者执行计划以解决既定的问题

二、学习地图中学习目标的编写

学习目标是实现学习场所与工作场所转化的关键桥梁，未来内容开发应参考学习目标，设计并实施相应的教学手法和评估方式。在编写学习目标时，我们应结合学习目标四要素阐述法（ABCD法则）和安德森目标分类法。学习目标编写的流程如下：

（1）研究工作任务的主要步骤，通常每个工作任务或关键步骤对应一个学习目标。

（2）编写目标时，尽可能遵循ABCD法则，但在某些情况下，A（教学对象）或C（条件）可以省略。目标所需达到的程度可参考安德森目标分类法进行具体描述。

（3）将相近的学习目标进行编码整合，并将整合后的目标回溯至每个工作任务。

（4）确保最终产出的结果中工作任务与学习目标相互对应。

学习目标编写样例如表7-10所示。

表7-10　学习目标编写样例

TASK 矩阵				学习目标 （Learning Objective）
关键任务 （Task）	态度 （A）	技能 （S）	知识 （K）	
E-5　设计效果评估方案	A-4 A-14	S-6 S-9 S-33	K-6 K-10 K-15 K-23 K-24	掌握各类评估工具和方法的应用。 　根据培训项目的需要，设计各类培训评估工具，明确各类评估工具所需的数据及其来源。 　根据培训项目的设计，制订培训项目的评估方案及所需使用的评估工具
E-6　制订项目整体方案初稿	A-2 A-4 A-7 A-11 A-14	S-9 S-12 S-14 S-15 S-20 S-33	K-4 K-10 K-17	掌握培训项目整体方案应包含的信息，确保在制订方案时其内容完整。 　能够清晰、准确地向上级汇报，保持与上级的顺畅沟通
F-1　确定参训名单	A-2 A-7 A-8	S-9 S-20	K-10 K-23 K-24	根据培训项目计划的要求，迅速识别参训人员的资格和标准，并在规定时间内完成参训名单的确定。 　与各单位、各部门保持良好的合作关系，确保培训实施的持续性合作
F-2　落实培训资源	A-6 A-7 A-8 A-11	S-9 S-14 S-20	K-3 K-4	掌握各种学习方式的特点及其应用。 　根据培训项目计划的要求，迅速识别在培训开展前需要落实的资源，并列出详细清单

第八章

绘制学习地图

　　本章首先介绍如何依据敏捷学习地图构建方法论来生成课程体系的各个要素，这些要素包括学习主题、学习内容、学习方式、学习时长、评估方式以及学习资源来源；其次，将详细介绍学习地图的绘制流程；最后，为企业不同专业序列学习地图的整合提供具体建议。

第一节
学习地图的组成要素

根据敏捷学习地图构建方法论，通过上一章对知识、技能和态度的分析，我们可以确定学习目标。接下来，关键在于确定哪些学习主题、学习方式、学习内容、学习时长、评估方式能够有效地达成这些学习目标，从而进一步设计课程体系。最终，我们将通过绘制学习地图的方式，将课程体系进行可视化呈现。因此，课程体系中的各个要素对于学习地图的构建至关重要。

那么，如何根据学习目标来确定课程体系中的学习主题、学习内容、学习方式、学习时长、评估方法及学习资源来源呢？

一、确定学习主题

如何确定学习主题？首先，我们需要深入分析学习目标，并将学习目标与学习主题进行匹配。一种常用的方法是对所有学习目标进行整合与编码，根据编码后的学习目标，我们可以进一步规划相关联的学习目标所需的学习主题，以避免在不同关键任务中出现重复的学习目标。完成学习目标与学习主题的匹配后，我们还需要将工作任务与学习主题进行关联，以确保学习主题能够满足工作的实际需求。通常，单个岗位层级的学习主题数量在4~18个之间。

经过实践探索，我们总结出以下三个来源来定位学习主题。

1. 工作职责转换为学习主题

在梳理岗位的工作职责时，我们遵循了不重复、不遗漏的原则，并保持一致的颗粒度。这些职责正是员工在岗位上必须熟知的操作。因此，我们可以将工作职责作为学习主题的参考之一。例如，架构设计岗位有一个工作职责为"制定架构规划"，经过进一步分析，我们将"如何做好系统级架构规划"作为对应的学习主题，其中涵盖了制定架构规划的流程及方法等。

2. 工作任务转换为学习主题

在员工的岗位工作中，总会有一两项关键且重要的工作任务。当这些工作任务可以作为独立的讲授内容时，我们应将其单独提炼出来作为一个学习主题，重点关注其流程、常见困难挑战及解决方法，以减少学习者在未来工作中犯错误的可能性。例如，"编制知识工程文件"职责下有一个工作任务为"编制与修订企业标准"，鉴于其重要性和复杂性，我们可以将其单独作为一个学习主题，即"企业标准的编制与修订"。

3. 提炼重复出现的知识和技能为学习主题

为确保新员工能够快速胜任岗位工作，并使培训者与被培训者的认知保持一致，我们通常会在员工正式上岗前进行知识和技能的培训。这些知识和技能是在工作任务中会反复用到的。因此，我们可以将岗位多个工作任务中重复出现的知识和技能进行提炼，从而形成学习主题。例如，架构设计岗位多个工作任务的完成都需要掌握行业架构相关知识，因此我们可以把"行业架构相关知识"作为一个学习主题，将不同工作任务中所需的行业架构相关知识进行整合，形成该主题下的学习内容。

二、分析学习内容

学习内容是指为实现学习目标，学习者需要系统学习的知识、技能和行为经验的总和。分析学习内容是为了明确其范围、深度以及各部分之间的关联。学习内容分析不仅关乎"学什么"，还涉及"如何学"。

1. 学习内容"学什么"

在编写学习内容时，需要考虑课程的适用性、关联性、实用性和与受训者知识水平的协调性。因此，编写学习内容应与实际工作紧密结合。学习内容具有一定的层次和结构，梳理时通常需要考虑两方面：一是序列联系，即学习内容各组成部分的排列顺序，如时间顺序、从简单到复杂的顺序等；二是部分与整体的联系，即学习内容的一部分是另一部分的构成要素。常见的方法是根据工作任务分析或核心能力分析结果进行转换，并对描述进行优化，确保学习内容完整无遗漏且不交叉。

当工作职责转换为学习主题时，通常的学习内容转换逻辑为：工作任务对应学习模块（一级大纲）、步骤对应学习单元（二级大纲）、知识和技能对应具体授课内容（三级大纲），如表8-1所示。

表8-1 工作任务分析与课程的对应关系

工作任务分析	与课程的对应关系
工作任务	学习模块（一级大纲）
步骤	学习单元（二级大纲）
知识和技能	具体授课内容（三级大纲）

（注：在有些特殊情况下并非一一对应关系。）

例如，架构设计岗位的一个工作职责"制定架构规划"对应的学习主题是"如何做好系统级架构规划"，如表8-2所示。在该职责下，有一个工作任务"分析战略意图"，与之对应的学习模块是"如何了解战略意图"。该学习模块下的学习单元围绕高管、业务和技术部门的访谈、访谈结果的整理、改进问题的识别以及未来发展方向的确定等步骤展开。

我们进一步将知识、技能融入这些步骤中，通过分析各步骤所需具备的知识和技能发现，在进行高管、业务和技术部门的访谈时，不仅需要掌握访谈的要点（如企业战略与发展方向），还需要具备向上沟通的技巧。这种知识、技能的融入使学习内容更加场景化、具有针对性，从而确保学习内容能更有效地支持岗位工作任务的完成，如表8-2所示。

表8-2　架构设计岗位的工作任务分析

工作职责	工作任务	步骤	知识	技能
制定架构规划	如何了解战略意图	1. 访谈高管、业务和技术部门 2. 整理访谈结果 3. 识别改进问题和未来发展方向	1. 企业战略与发展方向 2. 业务领域分类 ……	1. 向上沟通的技巧 ……
	……	……	……	……

然而，并非所有的知识、技能都能直接融入步骤中。有些岗位入门级的知识、技能，如架构设计岗位中的业务领域分类，可以作为单独的学习内容，为"如何做好系统级架构规划"等课程提前做好知识储备，如表8-3所示。

表8-3　"如何做好系统级架构规划"学习内容分析

学习主题	学习内容
如何做好系统级架构规划	一、如何了解战略意图（一级大纲） 1. 高管、业务和技术部门访谈（二级大纲）

学习主题	学习内容
如何做好系统级架构规划	a. 访谈要点——企业战略与发展方向（三级大纲） b. 向上沟通的技巧（三级大纲） 2. 访谈结果整理（二级大纲） 3. 改进问题和未来发展方向识别（二级大纲） 二、……

2. 学习内容"如何学"

当解决了"学什么"的问题后，我们还需要考虑"如何学"，以确保学习者能够更快地掌握学习内容。目前，国内外有三种颇具影响力的观点[1]：

第一，布鲁纳在《教育过程》一书中提出了螺旋式课程的理念。他主张根据员工的职业发展阶段，让员工尽早接触并掌握某门学习主题中的知识和技能，并随着员工在工作上的成熟，围绕学习主题的基本结构不断深化内容，从而使其对学习内容有更深刻、更有意义的理解。

第二，加涅则提出了直线编排学习内容的主张。他从学习层级论的角度出发，将学习内容转化为一系列学习目标，并按照这些目标之间的心理学关系进行排列——从简单的辨别技能学习到复杂的问题解决技能学习，从而将全部教学内容按等级进行编排。

第三，奥苏贝尔则提出了渐进分化和综合贯通的原则。渐进分化是指首先呈现学习内容中最一般、最概括的观念，然后按照细节和具体性逐渐分化；而综合贯通强调学习内容的整体性，因为学习内容不仅包括各种概念和规则，还包括操作步骤、方式以及典型困难场景。如果不掌握这些内

---

1 龚雷."一步到位"与"螺旋式课程"[J].中学教研：数学版，2007（1）:2.

容，就不可能真正理解这门课程。

因此，在编排学习内容时，我们需要注意以下几个方面：

- 由整体到部分，由一般到个别，进行不断分化。
- 确保学习内容从已知到未知，循序渐进。
- 结合工作的规律进行排序，使学习内容与实际工作紧密相关。
- 注意学习内容之间的横向联系，确保知识体系的完整性和连贯性。

三、确定学习方式

1. 企业常见的14种学习方式

在企业中，学习方式多种多样，以下是常见的14种学习方式。

（1）课堂学习。在教室环境中，由讲师和学习者共同参与的集体学习方式。这种方式允许学习者与讲师及其他参训者互动，提出问题，进行应用练习，并接受即时反馈。

（2）在岗培训。通常是一种在工作岗位上进行的培训方式，由经验丰富的同行或同事对工作者进行实时现场指导。在岗培训可以由经理/主管、经验丰富的员工、业务专家或培训部门的员工提供。

（3）辅导。辅导是通过教练与被辅导者之间的互动性提问、协作式目标设定、系统性观察、建设性反馈和积极主动的指导，来提高被辅导者的工作绩效。大多数辅导过程都能提升被辅导者的工作能力和工作积极性。

（4）导师制。在这种学习活动中，经验丰富的员工为新员工或经验不足的员工提供支持、鼓励，并提供信息和建议，以帮助他们获得胜任岗位的经验和能力。在导师制中，导师通常是所帮助领域的业务专家或明星员工，他们与经验不足的员工建立正式或非正式的师徒关系。

（5）自学。根据个人学习进度或对学习主题的偏好，自主进行独立学习的方式。学习者与讲师或其他学习者之间没有直接互动。自学的主要媒介包括书籍和其他学习材料。

（6）工作辅助工具。用于提示、指导、帮助工作者正确高效地完成某项工作任务的工具。工作辅助工具常用于那些难以记忆但在工作中又必须掌握的信息。其种类和形式非常多样化，如清单、流程图、决策表、工作表、大纲、警示牌、样品等。

（7）行动学习。一种由4~8人组成的团队，通过解决真实、复杂、战略性的工作任务来进行学习的方式。在这个过程中，团队成员运用已有的知识和技能解决实际问题，通过不断的思考、探索、协作，从而学习并创造新的知识和技能。

（8）教导他人。通过教授他人如何完成或操作某些任务，可以深入掌握和学习新的技能。在这个过程中，担任讲师的学习者会进行授课课题的相关研究。

（9）电子化绩效支持。一种软件系统，能够针对工作中遇到的问题及时提供所需信息、指导、实例、步骤性示范等帮助。电子化绩效支持的使用可以显著减少不必要的培训和辅导。

（10）网络教学。一种通过现代网络提供的远程和非同步学习方式。非同步意味着讲师授课与学习者学习时间不必同步。

（11）电子化自学。按照个人学习进度或对学习主题的偏好自主进行的学习方式。学习媒介可以是网络学习，也可以是DVD/CD、录音机、

MP3或各种形式的结合。

（12）虚拟课堂。虚拟课堂为学习者提供了一个现场学习环境，允许学习者无论身处何地都能与其他学习者或讲师进行实时互动。这种电子学习方式特别适合小型学习者群体。

（13）移动学习。一种通过移动互联网设备/终端进行的学习方式，通常学习时长在1~10分钟以内。

（14）微课。微课是讲师围绕某个知识点或技能点开展的简短且完整的教学活动，通常以视频、案例等形式为载体。在授课过程中，充分运用移动互联网技术及其他多种技术手段，如动画、视频、手写板（电子白板）、PPT等。微课的时长一般控制在3~10分钟以内，并配备教学设计文本、多媒体教学课件等辅助材料。

2. 721学习法则

为了让学习者更好地掌握学习内容，提升培训效果，我们需要依据"721学习法则"来规划不同学习内容的学习方式，从而构建系统化、多元化的学习地图。

"721学习法则"由摩根、罗伯特和麦克在合著的《构筑生涯发展规划》一书中正式提出。该法则认为，人的能力提升主要来源于三个方面：70%来自真实生活经验、工作经验、工作任务以及问题解决；20%来自他人的反馈、观察以及学习角色榜样；剩余的10%来自正规学习。示例如图8-1所示。

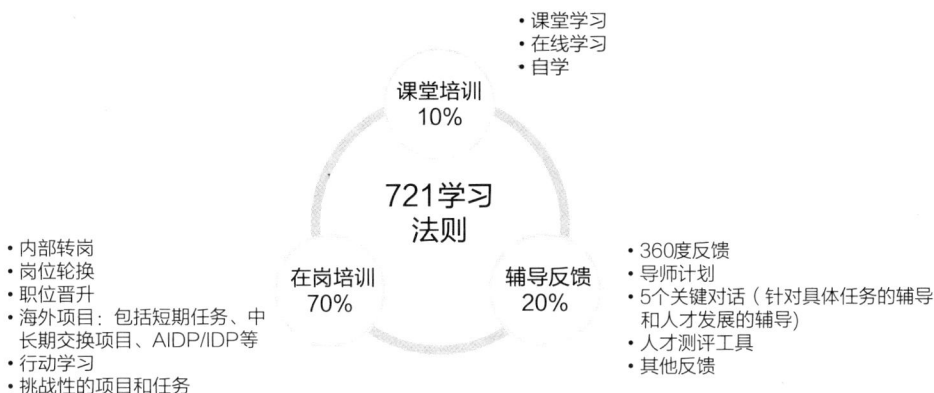

- 课堂学习
- 在线学习
- 自学

课堂培训
10%

721学习
法则

- 内部转岗
- 岗位轮换
- 职位晋升
- 海外项目：包括短期任务、中长期交换项目、AIDP/IDP等
- 行动学习
- 挑战性的项目和任务

在岗培训
70%

辅导反馈
20%

- 360度反馈
- 导师计划
- 5个关键对话（针对具体任务的辅导和人才发展的辅导）
- 人才测评工具
- 其他反馈

图8-1　721学习法则

3. 使用TTM分析矩阵确定学习方式

为了帮助大家更加科学地选择学习方式，我们可以使用TTM分析矩阵（见表8-4）来确定适合的学习方式。

表8-4　TTM 分析矩阵

5					等级 5
4				等级 4	
3			等级 3		
2		等级 2			
1	等级 1				
I ＼ D	1	2	3	4	5

TTM分析矩阵主要基于I（工作任务重要性）和D（工作任务学习困难度）两个维度来进行判断。这两个维度与我们选择学习方式有着密切的关联。根据I和D的得分，表8-4将工作任务划分为五个等级，每个等级所建议采用的学习方式也各不相同（见表8-5）。

149

表8-5 工作任务等级与建议学习方式

工作任务等级	建议学习方式
等级 1	自学
等级 2	工作辅助工具
等级 3	辅导、在岗培训、电子化绩效支持、E-learning（微课、虚拟课堂等）
等级 4	课堂学习、行动学习
等级 5	教导他人

这些学习方式之间存在兼容关系。当工作任务处于等级4时，可以向下兼容选择其他学习方式，即除了表8-5推荐的学习方式，还可以选择工作辅助工具和自学。具体如何选择向下兼容的学习方式，需要根据工作任务的特点来考虑。

例如，某工作频繁度较高，建议选择较为便捷的学习方式，如自学、E-learning或在岗培训等；某工作任务需要高度标准化，则应考虑采用工作辅助工具，如提供标准运营程序和操作手册；某工作需要丰富的在岗经验，则建议采用辅导、E-learning、导师制或在岗培训等方式。

四、确定学习时长

在教学过程中，我们倡导"九轮闭环"，即确保从授课开始，到练习监督，再到最后的复习考核，都能在教学过程中得到完整实现，从而达到最大效率。为了将知识和技能传授到位，减轻学习者课后的负担，我们需要科学地设置课程学习时长，以确保学习效果的达成。

根据对企业内培训课程时长安排和学习者培训效果的研究，我们发现，要使课程达到好的效果，需要遵循以下三个原则。

1. 课间休息时间的"1+1"原则

约每小时安排一次10分钟左右的休息时间。如果学习者中吸烟者较多，课间休息时间可延长至15分钟。对于课程时长在60~90分钟的，可不安排课间休息；但如果课程时长达到120分钟，中间最好安排一次休息。

2. 课程时长安排的极限原则

如果课程安排为一天，纯学习部分的时间不应超过6小时。通常，上午和下午的学习时间分别不应超过3小时，因为学习者单次连续接受知识的极限时长为3小时。同时，应预留2小时的午餐和午休时间，最短不应少于90分钟。

3. 课程时长安排的间隔递减原则

随着课程的深入，学习者的疲劳期会提前到来。因此，课程开始时，第一次课间休息可安排在75~90分钟；之后，休息间隔应逐渐缩短，例如60~75分钟休息一次，然后是50~60分钟休息一次，甚至45分钟休息一次。示例如表8-6所示。

表8-6 课程时长安排的间隔递减原则

日课程沉闷时间分析		
每节课根据总时长，平均分为三段		
第一节课	90 分钟	每段时间为 30 分钟
第二节课	75 分钟	每段时间为 25 分钟
第三节课	60 分钟	每段时间为 20 分钟
第四节课	50 分钟	每段时间为 17 分钟
第五节课	50 分钟	每段时间为 17 分钟

备注：第四节课全部时间段是最容易沉闷的，第三、五节课的第二段是课程中比较容易沉闷的；第一、二节课的第二段也容易沉闷

续表

日课程沉闷时间表

时间	第一段	第二段	第三段
第一节课		容易沉闷	
第二节课		容易沉闷	
第三节课		比较容易沉闷和打瞌睡	
第四节课	最容易沉闷和打瞌睡	最容易沉闷和打瞌睡	最容易沉闷和打瞌睡
第五节课		比较容易沉闷和打瞌睡	

推荐的解决办法：

1. 最容易沉闷和打瞌睡的时间是第四节课全部时间。因此这节课程通常不以讲课程内容为目的，而是以调动课程氛围、实施大面积互动为主，可以安排一级大面积互动。

2. 第三、五节课的第二段是比较容易沉闷的，安排二级大面积互动。

3. 第一、二节课的第二段也容易沉闷，但是打瞌睡的人相对不多，在这个时间段，可以考虑使用二级、三级大面积互动

因此，在规划学习地图阶段，我们需要对课程学习时长进行科学设置。鉴于学习者长时间学习后可能会产生困倦，规划时应当考虑到课程的中场休息时间。

经过大量实践，我们发现课程学习时长的设置与选择的学习方式以及学习内容的重要性、学习困难度密切相关。例如，确定某学习主题的学习方式为课堂学习，则需判断该主题包含的工作任务数量。不同的工作任务可根据其重要性和学习困难度的总分来初步判断学习时长，如表8-7所示。

表8-7　工作任务得分与建议学习时长

工作任务得分 （重要性＋学习困难度）	建议学习时长
小于4分	15分钟
大于等于4分，小于7分	40分钟
大于等于7分	60分钟

如果某学习主题采用的是E-learning的方式，通常学习时长在1~10分钟之间，以清晰阐述一个知识点为基本标准；选择自学方式，一本书的学习时长可估算为2~4周；采用在岗培训或辅导的方式，学习时长则与工作任务的实际周期紧密相关，具体时长是根据工作任务的发生周期乘以学习频次来确定的（即需要学习几次才能完全掌握）。

五、确定评估方式

为了更准确地评估员工的培训效果，我们需要结合学习目标，为不同学习主题设置合适的评估方式。纵观现有的培训评估方法或模型，大致可以分为两类：一类是通过分类分层的方式对培训项目进行评估，其中最具代表性的是柯氏四级评估模型；另一类则是通过各种标准来评估项目的经济效益，这种方法被认为更为客观，其中投资回报率评估法是最具代表性的。下面将从全球培训效果评估的发展现状和趋势出发，介绍几种主流理论。

1. 柯氏四级评估模型

柯氏四级评估模型由国际著名学者、威斯康星大学教授唐纳德·柯克帕特里克（Donald L. Kirkpatrick）于1959年提出。该模型是全球范围内应用最广泛、可操作性和实用性最强、接受度最高的培训评估方法。许多全球主流的评估方法，如杰克·菲利普斯的投资回报率评估法、唐纳德·布林克霍夫的成功案例模型等，都是以柯氏四级评估模型为理论基础发展而来的。

柯氏四级评估模型从四个层级对培训进行效果评估与评价，每个层级的评估都呈现出逐级递进、以终为始、环环相扣的特点，如图8-2所示。

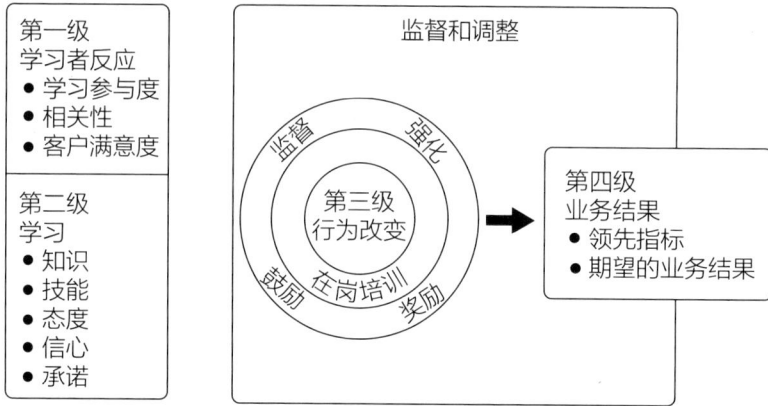

图8-2　柯氏四级评估模型

第一级：学习者反应评估

第一级评估旨在评估学习者对培训的满意程度。学习者反应评估关注的是学习者对培训的整体感受，包括讲师的授课效果、学习主题的规划与安排、学习内容的质量、学习环境氛围的舒适度，以及学习系统平台与设备设施的完善度等方面。近78%的培训项目都会测量第一级的学习者反应。

该层级的常用评估方法包括问卷调研、访谈、课堂观察记录（线上/线下）。

第二级：学习评估

第二级评估的目标是衡量学习者在培训中的学习成果与掌握程度。学习评估主要从五个维度进行：知识、技能、态度、信心、承诺。

- 知识评估：学习者对特定信息的掌握程度，即"我是否知道"。
- 技能评估：学习者对特定工作或任务的执行程度，即"我是否会做"。然而，许多企业常犯的一个代价高昂的错误是，将绩效低下简单地归咎于知识或技能的不足。实际上，绩效不达标的原因往往涉及积极性与环境因素。

- 态度评估：学习者认为培训内容的价值及其应用在工作中的意愿，即"我是否认为值得"。

- 信心评估：学习者将所学应用于工作的决心，即"我是否认为我可以"。

- 承诺评估：学习者是否打算将所学应用于工作，即"我是否打算这么做"。

信心和承诺与学习者的积极性密切相关，仅仅掌握知识与技能是不够的，更重要的是在日常工作中运用所学。

该层级的常用评估方法包括问卷调研、访谈、在岗观察、考试、模拟操作以及行动计划等。

第三级：行为改变评估

第三级评估聚焦于学习成果在工作中的实际应用，即行为改变。这一层级评估的是在培训结束后的一段时间内，利益相关方如何评判学习者的行为是否发生了变化，特别是是否在工作中应用了培训中学到的内容（知识、技能和态度）。此层级的关键在于评估关键行为是否发生了期望的改变。所谓关键行为，是指为了达成业务目标，员工必须持续坚持的少数核心行为。行为改变评估在整个培训效果评估体系中占据核心地位。为确保培训效果与关键行为改变的紧密关联，需要关注两点：一是根据学习目标明确需要改变的关键行为；二是基于这些行为，选择并确定合适的推动力方法，构建与培训相匹配的支持和压力机制。

该层级的常用评估方法包括问卷调研、访谈、在岗观察、绩效监控等。

第四级：业务结果评估

第四级评估旨在探索和展示培训及后续强化措施在多大程度上实现了期望的业务结果，即培训带来的实际产出。这一层级评估使利益相关方能够了解培训带来的有形和无形收益。尽管第四级评估在衡量方面相对直接，但将其与培训活动直接关联最具挑战性。因此，进行第四级业务结果评估时，培训团队需要与学习者的上级等关键利益相关方建立紧密的策略性联系，从培训需求分析、学习内容规划、学习方式选择、学习参与机制设计到工作应用的推动力等各个环节进行充分沟通，并达成共识。

该层级的常用评估方法包括问卷调研、访谈、绩效监控等。

2. 投资回报率评估法

杰克·菲利普斯（Jack Phillips）在柯氏四级评估模型的基础上，发展了投资回报率评估法。与柯氏四级评估模型不同，杰克·菲利普斯认为一个完整的培训评估应当包括培训的经济效益，因此他将投资汇报率（Return on Investment，ROI）作为评估的第五个层面。投资回报率是对培训效果的一种量化测定，通过财务数据揭示培训对企业经济利润的影响，单独计算培训在业务结果达成过程中所起的作用。

投资回报率评估法结果颇具吸引力，满足了众多企业想要了解培训产生的可量化效果的需求。然而，在理论假设上，投资回报率评估法存在一定的不严谨之处。在实际工作中，销售业绩的达成是由多种因素共同作用的结果，培训只是其中之一。投资回报率评估法的前提是统计学上能够将培训因素从其他因素中剥离出来，但培训属于人文科学领域，其各因素相互影响、交织，很难纯粹地将培训因素剥离出来，并进行精确的数额分配以计算投资回报率。这是该理论存在的不足之处。

3. 成功案例模型

唐纳德·布林克霍夫（Donald L. Brinkerhoff）指出，传统的评估模型往往以培训为中心，孤立地看待培训效果，而实际上，整个培训效果的评估和绩效的改进是组织系统综合作用的结果。特别是组织内部的文化和系统因素，都会显著影响培训效果转化为组织绩效的改善。成功案例模型的具体过程如图8-3所示。

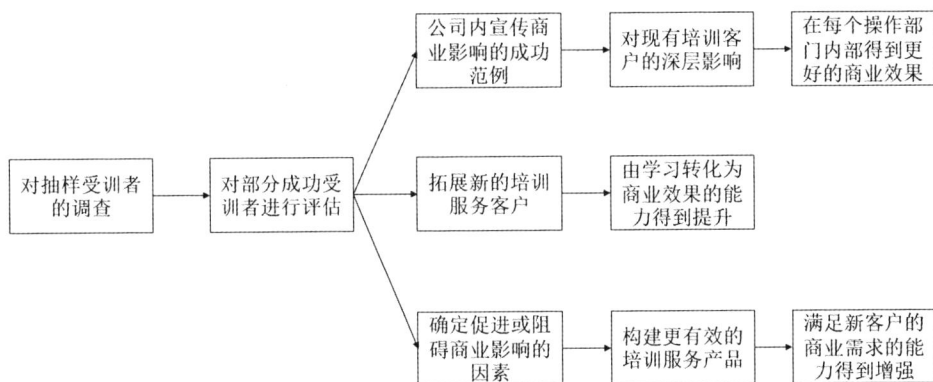

图8-3 成功案例模型

成功案例模型是通过评估最成功的受训者在知识、行为、态度等方面的表现，确定影响成功培训的关键因素以及影响员工接受培训的因素，从而改进培训项目和培训内容。该模型的一个显著特点在于，它不仅在改进培训项目和计划的同时，还在企业内部推广成功受训者的经验，采取双管齐下的策略，并不断创新培训产品，以满足不同员工和客户的需求，从而提升培训效果。此外，它还认识到组织内部的文化和系统因素（如工作习惯、报酬系统、学习者的准备情况、评估方式和反馈机制）对培训效果转化的重要影响。

然而，成功案例模型也存在一些不足。首先，在确定成功受训者时，可能存在一定的主观性，导致评估过程不够客观。其次，采用抽样评估的方法可能不够全面和客观。最后，从研究角度来看，该模型基于个案研究评判培训效果，缺乏可复制性和普适性。

综上所述，在选择评估方式时，建议以柯氏四级评估模型作为理论基础进行设计。

六、确定学习资源来源

通过对企业内部现有学习资源的盘点，我们能够明确不同课程的学习资源来源。通常，学习资源的来源主要有以下三个方面：

第一，企业内部已有的资源。通过比对，我们能够发现这些资源与所需课程的学习目标和内容高度匹配。

第二，内部需要开发的资源。这意味着企业内部尚未有相应的课程，但适合内部开发。例如，专业技术类和企业文化类课程通常难以从外部直接采购，即便能够采购到，其匹配度也可能不高。

第三，需要从外部采购的资源。尽管企业内部尚未有相应的课程，但这类课程适合直接采购。例如，通用类和管理类课程通常由外部供应商提供，因为内部开发的难度系数较高，而外部供应商已经拥有非常成熟的课程。

第二节
生成课程体系

我们明确课程体系的要素后，即可构建课程体系。表8-8展示了架构设计岗位中级人员的课程体系。

表8-8 架构设计（中级）课程体系（部分）

序号	主题	学习目标	课程大纲	学习方式	学习时间	评估建议
1	行内整套架构（新一代、公有云、集团一体化）	1.能够掌握架构原则、架构规范及开发规范的基础知识 2.了解建信金科已有的架构原则、架构规范及开发规范	一、行内架构简介 1.行内架构概述 2.行业主要架构的特点及功能 a.新一代 b.公有云 c.集团一体化 二、行业架构方法论 三、架构原则与规范 1.系统架构原则与规范 2.大型系统架构设计的基本要求 3.领域架构原则与规范 四、常见框架和工具的使用	集中面授	4小时	问卷调研

续表

序号	主题	学习目标	课程大纲	学习方式	学习时间	评估建议
2	端到端设计开发	熟悉端到端设计模式、设计原则、开发流程及规范，掌握开发工具的使用	一、端到端设计模式与原则 1. 端到端设计模式 2. 端到端设计原则 二、端到端开发 1. 端到端开发流程 2. 端到端开发工具的使用 三、开发规范 1. 开发规范概述 2. 开发规范的分类及介绍 四、端到端解决方案解析	集中面授	4 小时	实操考核

在构建不同层级的课程体系时，首先需要对每个层级的课程内容进行详细分析，剔除其中的重叠部分。然后，根据实际需求调整课程的顺序，并评估各个课程的效果，以确保整个课程体系能够顺利推进。

第三节
绘制可视化的学习地图

课程体系设计完成后，我们需要按照以下顺序绘制学习地图：

第一，明确识别岗位层级，并按照由低到高的顺序进行排序。

第二，根据学习主题间的逻辑顺序进行排序。首先考虑时间上的先后顺序，若时间顺序相同，则考虑主题的重要性顺序；最后考虑学习的难易程度。

第三，利用不同颜色来表示不同的学习方式，并通过表格中方块的数量来展示学习周期的长短。

经过以上步骤，即可生成一张可视化的学习地图。它清晰地展示了不同岗位层级对应的学习主题及其学习周期，如图8-4所示。

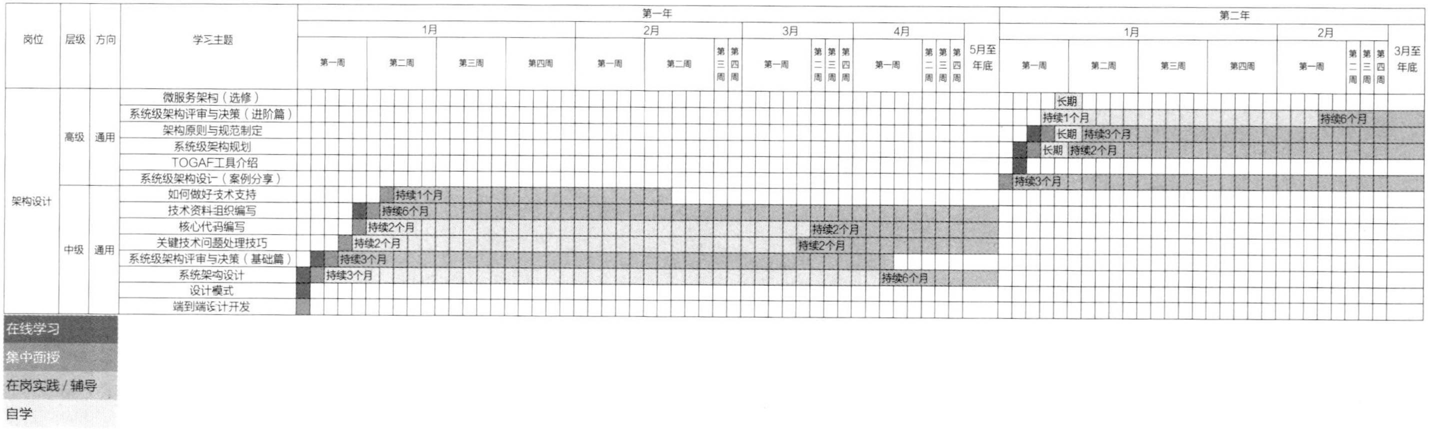
岗位
层级
方向
学习主题
第一年
第二年
1月
2月
3月
4月
5月至年底
3月至年底
第一周
第二周
第三周
第四周
架构设计
高级
通用
中级
微服务架构（选修）
系统级架构评审与决策（进阶篇）
架构原则与规范制定
系统级架构规划
TOGAF工具介绍
系统级架构设计（案例分享）
如何做好技术支持
技术资料组织编写
核心代码编写
关键技术问题处理技巧
系统级架构评审与决策（基础篇）
系统架构设计
设计模式
端到端设计开发
长期
持续1个月
持续6个月
持续3个月
持续2个月
在线学习
集中面授
在岗实践／辅导
自学

图8-4　架构设计（中级、高级）学习地图

第四节
学习地图整合

当我们按照既定流程绘制完学习地图后，还需要将不同岗位序列的学习地图进行整合，以形成企业学习地图的全景图，如图8-5所示。

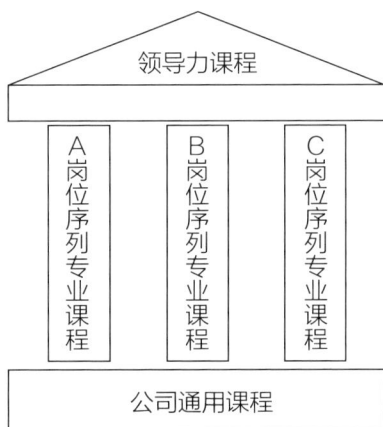

图8-5 企业学习地图全景图

为何要整合？原因在于不同岗位序列往往存在共通或相似的课程，尤其是领导力课程。为优化资源配置，我们可以对比各岗位序列学习地图中的共通课程和领导力课程，包括学习主题、目标及内容，进行进一步的整合，避免重复。这样，在培训组织时，我们可以将所有岗位序列统一规划，节约培训资源。而对于特定岗位序列的专业课程，则需要保持其独立性，因为这些课程仅适用于该岗位序列的员工。

在某些企业中，学习地图的整合还会采用课程编码的方式，以便去除重复内容和系统录入。

　　课程体系以工作职责和任务分析为基础，根据各岗位的学习特点进行课程排序设计。通过学习地图，我们可以直观地了解岗位课程、学习方式及周期，确保学习地图与岗位工作实际需求紧密结合。在设计和绘制完学习地图后，我们需要进一步探索如何发挥其价值，确保培训工作的实用性和落地性。因此，下一章将详细讨论学习地图成果的应用，包括年度培训计划、培训项目设计、敏捷课程设计与开发等。

第九章

学习地图的主要应用

学习地图清晰地展示了各岗位层级人员的学习主题、内容、方式、时长、评估方式及资料来源。那么，在构建学习地图之后，我们该如何应用它呢？接下来，我们将从三个方面介绍学习地图的应用。

第一，学习地图为年度培训计划的制订提供了丰富的基础数据。其中，所规划的学习主题、内容和目标为年度培训计划提供了内容素材；同时，所规划的学习时长有助于年度培训计划的整体安排和合理规划。

第二，学习地图为重点人群的培养项目设计提供了依据。通过学习地图，我们可以明确知识、技能和能力的差距，从而确定培养项目的方向。在培养项目框架设计时，可以参照学习地图的学习主题及对应的学习方式来确定学习策略。

第三，学习地图所规划的学习主题、学习目标和课程大纲能够为课程开发提供方向指引，并为课程内容相关素材的收集提供参考。同样，学习地图也能为其他各类学习内容的开发提供指引和输入，如微课开发、案例开发以及在岗带教手册开发等。依据学习地图进行学习内容开发，能够充分利用其规划作为参考，避免出现内容开发不符合工作实际需要、方向不明确、资源浪费等问题。

第一节
从学习地图到年度培训计划

年度培训计划是培训部门与业务部门协作，以全年人才培育工作为目标的指引。学习地图通常涵盖员工3~5年的学习发展规划，而年度培训计划专注于接下来一年的培训安排。学习地图能为年度培训计划提供翔实的基础数据，同时，学习地图的实施依赖于年度培训计划的执行。那么，我们如何运用学习地图的数据来制订年度培训计划呢？

1. 基于学习地图分析培训需求

培训需求可能源于各岗位层级人员的工作实际需求或业务痛点。因此，培训部门可以结合学习地图中的工作任务分析成果，如工作职责、任务及工作中的难点等信息，进行培训需求的分析。同时，通过对比各岗位层级人员现有能力与标准能力的差距，结合学习地图中各岗位层级需要达到的能力要求，培训部门与业务部门可以共同确定各岗位层级人员需要加强和提升的方面。

2. 依据学习地图确定培训内容

学习地图详细列出了各岗位层级人员的学习主题、内容、目标及时长等。结合培训需求与学习地图的规划，培训部门与业务部门可以进一步确定各岗位层级人员的培训主题，并根据学习地图中规划的学习时长确定年度计划的培训周期。

3. 参照学习地图盘点学习资源

在确定了年度培训计划的培训主题后，培训部门与业务部门需要协商培训课程的实施顺序，从而根据课程优先级合理规划学习资源。参考学习地图中规划的学习主题顺序，双方可以讨论是否按照学习地图的顺序安排培训计划，或者优先聚焦关键任务和业务痛点来分配资源。一旦明确了培训计划中各培训主题的实施顺序，培训部门就可以根据学习地图中规划的学习资源来源来确定具体的培训资源（如课程资源、讲师资源等）。

第二节
从学习地图到培训项目设计

学习地图为未来重点培训项目的设计提供了明确的参照依据。在年度培训计划制订后，重点培训项目成为其关键环节。基于已建立的学习地图，培训项目设计可参照图9-1所示的流程进行。

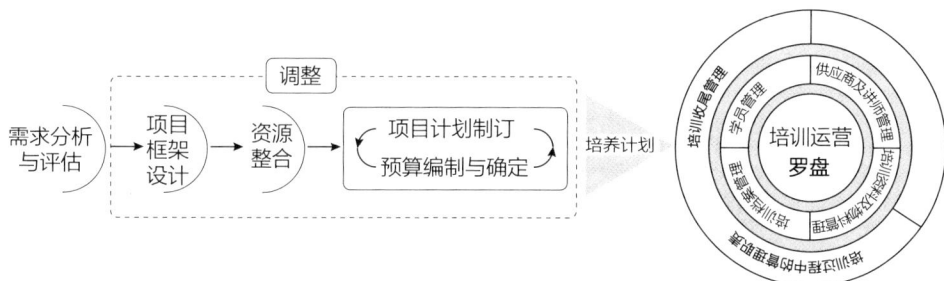

图9-1 培训项目设计流程

1. 需求分析与评估

培训项目需求信息的收集从四个方面着手：项目背景了解、战略分析解读、业绩问题分析以及能力模型或标准解读。其中，学习地图的建设已融合了战略分析解读、业绩问题分析和能力标准解读。学习地图的建设初衷源于企业战略和业务发展的需要，而非仅围绕人才体系和学习发展原理。因此，学习成为推动重点工作的重要手段。结合学习地图中各岗位层级所需达到的能力要求，培训部门可进一步分析人员能力差距，从而明确培训项目的需求。因此，学习地图为培训项目的需求分析与评估提供了宝贵的需求信息输入。

2. 项目框架设计

学习过程是一个多维度的运营过程。对于大型培训项目，我们首先会根据任务模块、工作流程等进行分阶段规划。然后，参考学习地图中与任务相匹配的学习主题，验证学习地图中该主题的学习内容、学习目标与项目各阶段目标的一致性。在确认一致后，将其纳入项目框架。接着，评估学习地图所规划的学习方式、学习时长、评估方式等的适用性，最终确定项目各阶段的培训内容、方式、周期及评价方式。

3. 资源整合

根据项目框架，分析师资、学习者学习时间负荷、运营状况等因素，对框架进行必要调整，以实现资源的有效配置，并进一步完善项目方案。

4. 项目计划制订

完成整体培训项目方案的确定，并进行预算编制及最终确定。

5. 项目实施

参照培训运营罗盘中的关键步骤和环节，进行项目运营与管控，通过有效的运营模式设计，确保阶段性预期目标的达成。

下面我们来看一个企业参照学习地图进行培训项目设计的实例。随着企业引入新的业务模式，业务部门期望销售人员迅速适应并具备相应能力。因此，培训部门决定与业务部门合作，构建学习地图，规划销售代表的培养内容和成长路径。经过现场考察、访谈以及DACUM工作任务分析的综合分析，涵盖销售代表的工作职责、任务和能力要求，该企业通过学习目标设计、主题匹配、内容设计、方式设计、能力匹配等多个步骤，构建了一张科学有效的销售代表学习地图，如图9-2所示。

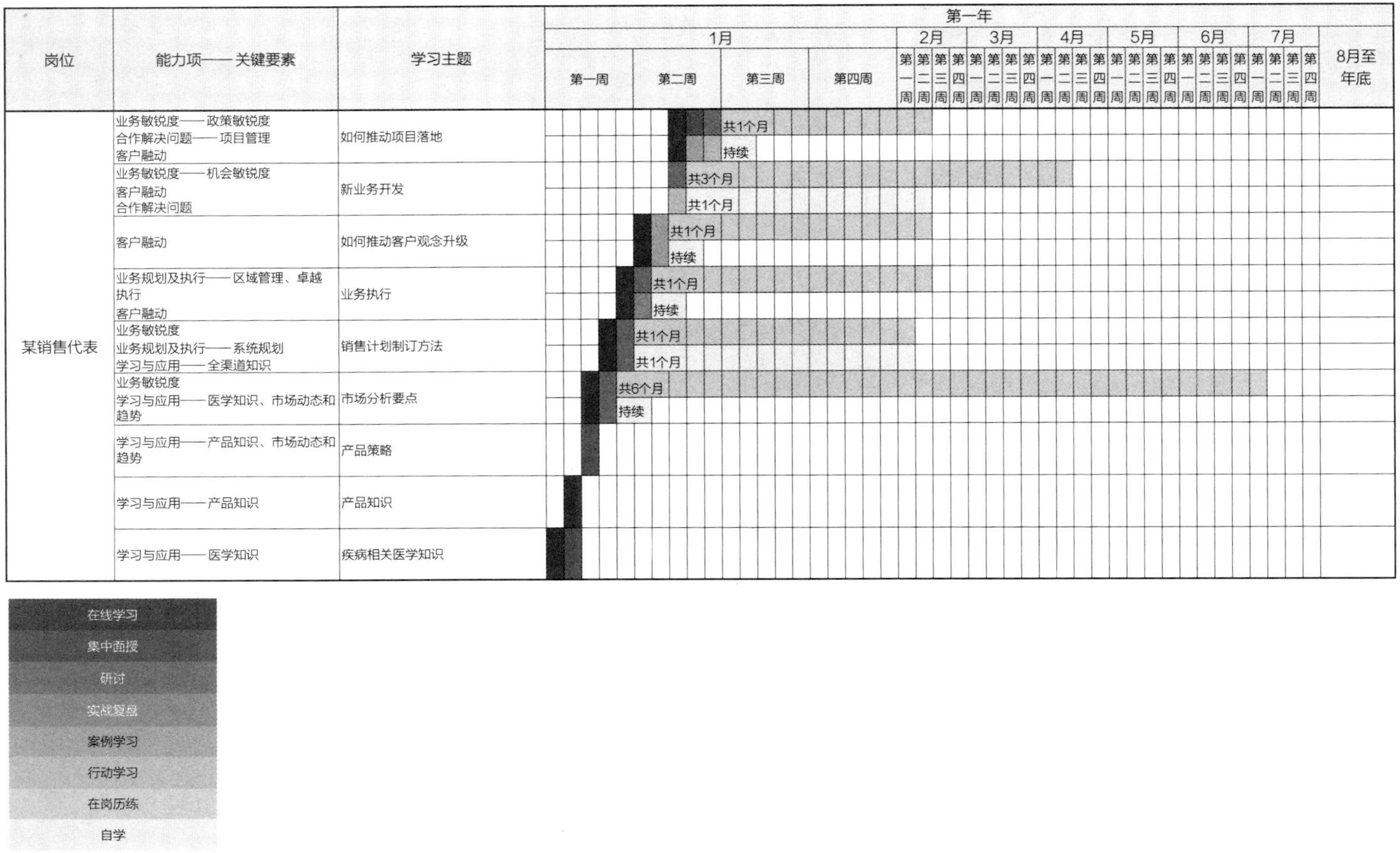

岗位
能力项——关键要素
学习主题
第一年
1月
2月
3月
4月
5月
6月
7月
第一周
第二周
第三周
第四周
第一周
第二周
第三周
第四周
8月至年底
某销售代表
业务敏锐度——政策敏锐度
合作解决问题——项目管理
客户融动
如何推动项目落地
共1个月
持续
业务敏锐度——机会敏锐度
客户融动
合作解决问题
新业务开发
共3个月
共1个月
客户融动
如何推动客户观念升级
共1个月
持续
业务规划及执行——区域管理、卓越执行
客户融动
业务执行
共1个月
持续
业务敏锐度
业务规划及执行——系统规划
学习与应用——全渠道知识
销售计划制订方法
共1个月
共1个月
业务敏锐度
学习与应用——医学知识、市场动态和趋势
市场分析要点
共6个月
持续
学习与应用——产品知识、市场动态和趋势
产品策略
学习与应用——产品知识
产品知识
学习与应用——医学知识
疾病相关医学知识
在线学习
集中面授
研讨
实战复盘
案例学习
行动学习
在岗历练
自学

图9-2　某企业销售代表学习地图

在完成学习地图构建后，该企业紧接着进行了销售代表的培训项目设计。在培训项目设计过程中，根据销售代表的关键能力要求，规划了包括市场洞察、客户触动、跨部门协作、项目管理在内的四大学习阶段。在每个阶段，销售代表学习地图中所规划的学习主题、内容、方式及评估方式，为培训项目的训前准备、训中实施和训后跟进提供了明确的参考和指引。例如，学习地图中的"销售计划制订方法""业务执行"等学习主题直接成为项目培训内容；同时，学习地图中规划的混合式学习方式，如在线学习、线下研讨、实践与考核、上级跟进反馈等，也在培训项目设计中得到了有效应用。具体如图9-3所示。

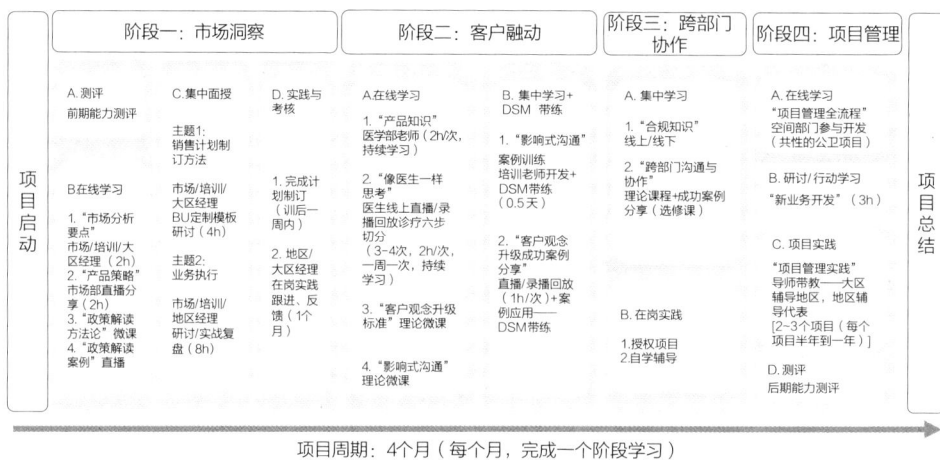

图9-3 某企业销售代表学习旅程

第三节
从学习地图到敏捷课程设计与开发

学习地图作为内容资源开发的全局规划与指引，培训部门和业务部门从中选取了需要进行课程开发的主题。学习地图中对应的学习目标、学习内容等关键要素，为敏捷课程设计与开发提供了至关重要的输入依据。

敏捷课程设计与开发包含四大环节：首先是方向聚焦，其次是内容开发，再次是教学设计，最后是材料完善，如图9-4所示。

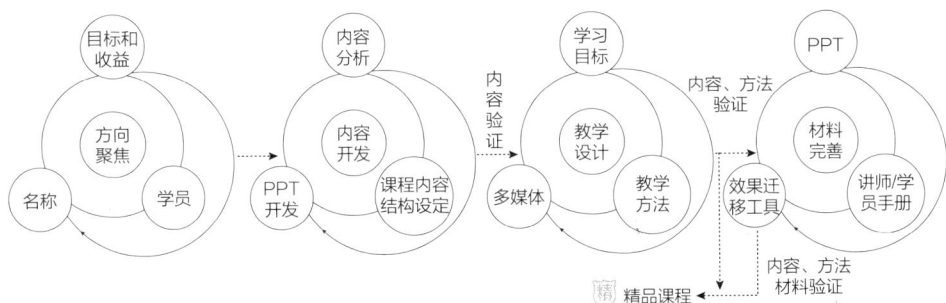

图9-4　敏捷课程设计模型

1. 方向聚焦

方向聚焦环节的重点在于三个方面的聚焦：明确课程的目标和收益、针对的学员群体，以及为课程起一个既贴切又便于传播的名称。

任何课程都需要有一个明确的目的和意义。对于收益，应清晰描述学员学习完成后能够执行的新行为、行为上的具体改善，以及这些改善如何直接或间接地促进工作结果及企业业务目标的实现。在设定目标和收益时，从讲师的角度出发，需要深入了解业务的痛点、岗位任务（即工作的具体执行方式）以及组织层面的目标和要求；而从企业领导的视角来看，同样需要考虑个人、任务、组织三个层面。培训管理者在审视培训问题时，也应从企业的业务或管理者的角度出发，以确保培训工作能够切中要害，实现其真正的价值。学习地图为课程主题和课程的目标、收益的确定提供了重要输入，待开发的课程主题在学习地图的基础上进行了进一步的调整和优化。

2. 内容开发

内容开发涉及内容分析、课程内容结构设定以及PPT开发。课程内容提炼有三种方法，分别是工作任务分析法、关键事件分析和主题分析法。

工作任务分析法是学习地图构建的基础，因此，在这种情况下，课程内容的逻辑可以直接参考学习地图所规划的大纲。

在关键事件分析中，我们会研究在特定事件中达成目标所需的关键能力，并探讨这些能力在何种情境下得以体现，以及相应的行为要求。通常，一个或两个关键能力对应一个课程主题，若是一个情境，则对应一个主题模块。

主题分析法又称层级式分析。当任务不适合用工作任务分析法或关键事件分析时，可以采用主题分析法。例如，分析员工不参加培训的原因时，可以依照主题要素将其分为培训课程无聊、时间冲突、费用问题、工作繁忙、感觉不适等大类。在这些大类中，还可以进一步细分为更多具体的原因。此时，一个主题对应一个课程主题，主题下的子主题则对应模块和单元，具体的授课点则对应于课程内容。

3. 教学设计

学习地图中的学习目标撰写采用了ABCD法则，这些目标是可衡量、可落地且可观察的，因此可以直接作为教学设计的参考。在选择教学方法时，应结合学习目标进行对应模块的教学手法设计。对于知识类信息的讲授，可以采用讲授、讨论等方法；对于技能类内容，仅依靠讲授是不够的，应采用案例分析、角色扮演等方法；而对于软技能的培养，则需要结合角色扮演、测评，甚至采用结构化的模拟形式。

4. 材料完善

在完成课程内容和教学设计后，需要对内容材料进行进一步的完善和优化。内容材料的开发和准备并非仅在这一环节开始，而是在整个过程中持续进行。从内容开发环节开始，我们就在逐步开发PPT，并经过不断的验证和调整。在材料完善环节，我们将进行整体的优化和迭代，包括美化PPT、开发和完善讲师与学员手册、开发效果迁移工具等。

下面我们来看一个从学习地图到敏捷课程设计与开发的企业实例。以往，企业在开发管理类课程时，常常面临与业务相关性不足等问题。因此，企业希望能够更加科学地设计针对基层、中层、高层管理者的管理类课程。为了达成这一目标，培训部门决定通过学习地图规划，结合典型管理场景，对领导梯队的培养进行顶层规划，为后续的课程开发提供科学的指导。

以基层管理者的课程体系为例，我们可以看到学习地图为后续的课程开发提供了明确的主题、学习目标及内容大纲等关键输入。有了这些输入，课程开发业务专家便能够提前收集课程素材，并在课程开发过程中对学习地图的这些内容进行进一步优化和调整，确保课程内容更加贴合实际，满足学习者的需求，如表9-1所示。

表9-1 某企业基层管理者课程体系

主题	目标	内容	学习方式	学习时长	评估建议
团队工作流程梳理与优化	1. 能够准确识别有价值的流程优化点 2. 根据真实、有效的反馈建议，能够梳理形成完整、任务清晰的可实施优化草案，并能够排除障碍，确保签署落地，在规定时间内相关方通过率达到100% 3. 能够发布流程1.0，确保与任务相关的人和部门能够及时、100%接收到，并能够收集所有使用该流程人员的有效反馈	1. 流程相关知识 2. 汇报技巧 3. 文案整理与归纳总结	在线学习	10分钟/知识点	在线测试
		一、流程优化场景识别 1. 业务场景定位（新业务、已有业务流程优化、规章制度类等） 2. 业务流程中的必要环节梳理 3. 既有流程是否满足当前业务形势的评估 二、反馈优化建议的收集 1. 明确流程涉及范围 2. 背景与必要性介绍 3. 收集方式的选择 4. 待优化环节的问题收集 三、流程优化草案输出 1. 梳理待优化问题反馈意见 2. 明确业务环节的顺序 3. 各环节执行细节完善 4. 草案的标准与要求 四、流程草案研讨与会签 1. 如何同步各业务方评审草案 2. 告知业务方反馈时间 3. 反馈草案意见讨论 4. 终案形成与会签 五、流程1.0发布 1. 确定发布时间、发布方式、适用范围 2. 发起发布审核流程 3. 宣导与落实 六、如何跟进流程使用情况 1. 流程反馈意见监控 2. 流程落实情况跟进 3. 明确优化流程方案	面授	6课时	考试（演练）
		主导编写一次团队工作流程；主导编写一次业务流程优化	在岗实践	2个月	在岗观察

第四节
不同群体学习地图落地操作指引

学习地图建成后，将在培训部门、业务部门的管理者及员工个人三个主要方面发挥效用，助力其业务运作和发展。

1. 培训部门

学习地图明确了各岗位层级人员的发展标准，为人才发展构建了与各层级职业发展通道相匹配的能力培养路径图。它为培训部门未来制订年度培训计划提供了清晰的参照依据，同时也为设计重点培训项目提供了明确的指导。

2. 业务部门的管理者

学习地图是实现人才发展管理的有效工具。管理人才的培育是企业人力资源管理工作的核心任务之一。学习地图的建立有助于管理者清晰掌握员工的关键工作任务，灵活实施员工的职业发展规划辅导，并帮助员工构建个性化的学习发展方案。

3. 员工个人

学习地图的建立明确了员工个人的职业发展路径，为其实现职业晋升及发展提供了有力的辅助和支持。员工可以参照学习地图的指引，确定发展目标，完成学习任务。这一过程促进了员工在职业发展目标的引导下，从被动学习向主动学习的转变，真正实现了"科学"和"加速"的发展。具体说明如下：

- 确定未来可能的职业发展方向；
- 在学习地图的指引下，确定亟须提升的能力目标；
- 了解不同能力发展阶段的学习目标、学习内容和学习方法。

第十章

学习地图的六大典型
使用场景

以上给大家介绍了关于学习地图构建的理论和实践。那么，企业的培训管理者在不同情况下应如何应用和构建学习地图呢？本章将介绍六个典型应用场景及实际案例：

第一，如果企业的岗位序列重要性高、岗位多但人数少，则适合构建粗略化的学习地图，实施粗放型的人才培养。

第二，如果企业的某些岗位序列重要性高、岗位多且人数较多，则应构建分层级、精细化的学习地图，进行系统性的人才培养，以打造健康的人才梯队。

第三，如果企业计划构建领导力培养体系，可以先通过构建学习地图来规划与领导力发展路径相匹配的培养内容与方式，再定制化设计领导力发展项目。

第四，对于计划开展内训师项目的企业，应先明确内训师的使用场景，针对目标学习者快速梳理出业务急需的课题，然后依据所需开发的课题，遴选内训师进行相应课题的课程开发及授课。

第五，如果企业的核心技术岗位技术复杂度高、岗位人员流失率高，可以萃取技术骨干的优秀经验，构建精细化的学习地图，以实现核心技术人才的批量化复制。

第六，如果企业正在筹建或已成立企业赋能中心，可以根据各岗位的实际情况，构建横向覆盖各岗位序列、纵向覆盖各职级的全序列学习地图，再根据学习地图的指引开发各类学习内容资源。

第一节
核心部门人才培养：岗多人少

某大型进出口商品交易会展中心计划为展馆运营部构建学习地图。目前，该企业面临以下挑战：

- 人力资源部以往提供的课程多为通用类、管理类，但随着业务的快速发展，业务部门反馈这些课程针对性不强，无法有效解决实际业务问题。展馆运营部更是多次提出此问题。企业希望进行系统的课程体系梳理，但缺乏科学、高效的方法。

- 展馆运营部岗位众多，但每个岗位仅有5~15人。传统方式构建学习地图耗时较长，而业务专家最多只能抽出1.5天时间参与研讨。因此，如何快速产出整个部门的学习地图成为一大难题。

- 未来2~3年，企业计划采用混合式培养方式，但目前希望依据学习地图的规划，针对业务急需的课程，优先进行面授课程开发或外采。

在咨询公司的建议下，该企业决定采用敏捷课程体系构建方法，以梳理业务所需的学习主题，并有序进行课程开发或采购：

1. 系统性地梳理学习主题

系统性地梳理了与展馆运营部业务开展紧密相关的学习主题，解决了实用性问题，确保各学习主题间内容无重叠，实现高效学习。

2. 基于业务痛点萃取学习模块

基于业务场景的痛点，萃取了各学习模块，确保未来无论是课程开发还是外采，都能有效解决业务实际问题。

3. 分析课程主题优先级

学习地图中分析了课程主题的优先级，明确了批量化课程开发/外采的先后顺序。

第二节

核心人才梯队建设：岗多人多

某大型国际饮品集团期望为销售岗位序列构建阶梯式学习地图。目前，该企业面临以下挑战：

- 企业业务发展迅速，销售岗位序列已划分为四个层级，由低到高分别为销售代表（约4000人）、销售主管（约500人）、销售主任（约300人）、销售经理（约35人）。销售团队人员能力的提升对企业战略目标的实现至关重要，但目前销售人员能力参差不齐，急需提升。

- 各区域拥有销售明星员工及销售管理精英，但各区域工作方法不统一。企业需要提炼这些优秀经验，以实现全国范围内的复制和标准化。

- 目前，销售岗位序列的人才培养仅涵盖销售新人培训及销售管理者的领导力课程，销售部反馈这些培训针对性不足。企业希望根据岗位层级划分，进行针对性的进阶式培养，但尚不清楚如何划分层级及匹配学习内容。

- 现有的培训方式过于单一，主要依赖销售管理精英的经验分享或外部课程，培训主题缺乏系统性规划，且外采内容与实际工作场景脱节。

在咨询公司的建议下，该企业采用以下解决方案：

1. 分层萃取经验，构建阶梯式学习地图

根据销售岗位序列的职业发展路径，分层萃取了销售明星及销售管理精英的工作经验，并设计了四个层级的课程体系，构建了阶梯式学习地图。

2. 明确混合式学习方式，指引内容开发

学习地图清晰指明了不同内容适合的混合式学习方式，如微课点、面授内容、岗位带教点、自学内容，为后续内容开发/外采指明了方向。同时，萃取出批量化的微课点，解决了学习者分散培养的问题。

3. 细化课程内容大纲，提供开发指引

学习地图中的课程内容大纲细化至三级，包含具体知识要点，为后续课程开发提供了明确指引。

4. 融入典型场景，提升学习实用性

将工作中的典型场景融入学习地图，确保学习者在学习后能按流程工作，并能灵活应对各种工作场景。

第三节
领导梯队建设

某大型IT科技企业计划针对各级管理者实施学习地图及人才培养项目。目前，该企业面临的挑战包括：

- 企业快速发展，新晋管理人员众多，能力水平参差不齐。
- 如何明确各级管理者的能力要求。
- 如何为各级管理者匹配针对性的学习内容和有效的学习方式。
- 企业现有的领导力培养项目在科学性、有效性和系统性方面仍有待提升。

在咨询公司的建议下，该企业决定采用以下解决方案：

1. 建立明确的能力标准

通过梳理基层、中层和高层三个层级的管理职责、任务以及典型管理场景等关键信息，为各级管理者建立明确的能力标准。

2. 构建层级化学习地图

基于管理职责、关键任务，并结合专业能力模型中的能力要求，构建基层、中层和高层三个层级的学习地图。这一举措旨在打通各层级领导力发展体系的区别与连续性，进而形成各级管理者科学、系统的领导梯队培养模式。

3. 设计针对性的领导力培养项目

根据基层、中层和高层管理者的能力要求和学习地图，精心设计领导力培养项目，确保培养目标与工作实际情况和各级管理者的能力要求紧密对应。

第四节
内训师项目学习主题规划

随着业务的迅猛发展,某新零售咖啡品牌急需快速培养新人以适应业务扩张。该企业面临的具体需求如下:

- 开店速度迅猛,平均每月开设100家门店,导致门店新人数量激增。门店店长作为关键岗位,目前人数约1100人,且仍在持续增长。许多咖啡师在入职仅一个月后便被提拔为店长,但他们对店长的工作职责和方法并不熟悉。
- 如何快速建立门店店长统一的工作标准,并在全国范围内进行复制。
- 企业计划在各区域设置培训基地,采用集中面授的方式统一培养新店长,但尚不明确哪些培训课程主题最为有效。

在咨询公司的建议下,该企业采用敏捷课程体系构建的方法,规划店长学习主题,并进行面授课程开发和内训师培养:

1. 明确店长岗位所需的面授课程主题

明确店长岗位所需全面且无遗漏的面授课程主题,确保培训内容覆盖关键工作场景和职责。

2. 细化课程内容，提炼核心要点

学习地图的课程内容细化至二级大纲，紧密结合店长实际工作，提炼课程核心内容，为课程开发提供清晰指导。

3. 培养内训师，确保培训效果

以门店店长培养为核心，确保内训师开发和讲授的课程贴合店长工作实际需求，从而有效推动业务发展。

第五节

萃取组织经验：岗位技术复杂度高、流失率大

某大型通信企业针对核心人才——动力设备维护工程师，计划构建学习地图，具体需求如下：

- 该企业在全国范围内拥有约800名动力设备维护工程师，岗位技术复杂度高。近年来，不少资深工程师被竞争对手挖走，导致内部提拔或外招的新人难以在短时间内胜任工作，形成了核心人才断层。
- 以往对新工程师的培养方式较为单一，主要依赖资深工程师的直接带教。这种方式存在学习者成长速度慢、导师带教压力大的问题。因此，企业希望探索更加快速、系统的培养方式，如在线学习，并尝试萃取部分微课点进行试点。同时，需要明确哪些内容适合在线学习，哪些内容适合集中面授，以及哪些内容适合继续采用岗位带教。

在咨询公司的建议下，该企业决定采用以下解决方案：

1. 明确混合式学习方式

在学习地图中明确标注不同内容适合的混合式学习方式，包括微课

点、面授内容、岗位带教点和自学内容点，为后续的各类内容开发指明方向。这种系统规划的方式减轻了仅依赖一种学习方式（如带教）给导师带来的压力。

2. 萃取微课点，开展移动学习试点

萃取丰富的微课点，作为项目组开展移动学习的试点。

3. 细化课程内容大纲，提供开发指引

学习地图中的课程内容大纲细化至二级大纲，萃取了课程内容的精髓，为课程开发提供了清晰的指引。

第六节
筹建企业赋能中心，构建内容资源

随着业务的迅猛发展，某金融科技企业员工人数快速增长。为应对这一挑战，该企业计划筹建企业赋能中心，旨在构建企业特色培训体系与训练文化，以培养符合企业发展要求的人才。具体需求如下：

- 核心技术岗位人数预计在10个月内增加近1000人，如何系统性地培训这些新员工，使其快速胜任工作？

- 各区域不乏优秀业务专家，如何沉淀他们的经验，以及如何系统性地传承企业的知识资产？

- 业务部门反映现有的课程内容不足，那么具体缺乏哪些课程？

在咨询公司的建议下，该企业决定采用以下解决方案：

1. 梳理专业序列的最佳经验

通过精准快速地梳理专业序列的最佳经验，形成企业的最佳实践。

2. 构建分层级的学习地图

构建从初级到高级专家的学习地图，覆盖各专业序列，为员工提供明确的学习和成长指引。

3. 细化课程内容大纲

学习地图中的课程内容大纲细化至三级，包含具体知识要点，为课程开发提供明确方向。

无论企业将学习地图应用于何种场景，其构建都需要紧密结合企业的人才布局情况，并与后续的培训运营落地相结合。这样，各项培训才能真正落地、实用，充分发挥培训资源的作用，实现效率最大化。

关于安迪曼集团

安迪曼集团创立于2010年，旗下包括安迪曼咨询、享学科技和塔伦特咨询三大主营业务板块。目前在北京、上海、广州、深圳、无锡设有分公司，在天津、西安、济南、郑州、成都、重庆、福州等十余个核心城市布有区域服务中心，为全国范围内的互联网、金融、房地产、制药医疗、能源、装备制造、高新科技、快消零售、教育等数十个行业的3000多家灯塔级优秀客户提供企业人才建设与发展问题解决方案，直接触达受益人1000万以上。

OnDemand 安迪曼咨询

安迪曼咨询协助企业建设优质人才供应链，进而提升组织能力。作为人才战略全价值链服务供应商，安迪曼咨询致力于创建全球智慧学习生态，引领学习变革，为全球个人与组织提供有效的人才战略及培养的综合性服务。

Learning 享学科技

享学科技是安迪曼旗下互联网公司，公司为企业提供智能培训平台，为培训人提供一站式学习平台。推出的小安智能培训云旨在解决企业经验和知识传承不足、在线学习内容空洞、与企业实际工作和业绩链接不紧密、打开率低、完成率低的问题。

　　小安智能培训云通过学习技术与数字化平台的深度融合，重塑在线学习的全流程，打造了行业领先的专家系统，从而帮助企业解决问题。小安智培云通过"平台+内容+数据+咨询+服务"的服务模式，帮助每家企业快速建立自己的实训中心。

塔伦特咨询

　　塔伦特咨询专注于为企业提供企业经营及领导力开发方面的创新发展仿真模拟课程。塔伦特咨询采用模拟化、场景化、游戏化等激励方式，通过引进和独立开发的领导力仿真模拟课程有效激发企业员工自主学习的动力，促进学习效果转化，在仿真场景中进行领导力开发，进而提升组织绩效达成，实现企业的创新发展。